오민아 글

대학에서 국어국문학을 공부했고 책을 만들었으며 다른 나라 책을 우리나라에 소개하는 일도 했습니다. 그러다 지금은 '너를 만나 행복해'에서 글을 쓰고 있습니다. 웹소설도 쓰고 어린이 책을 기획하여 쓰는 일도 하고 있습니다.

주영윤 그림

따스하고 감성적인 아트워크로 시각 디자인의 다양한 영역에서 일러스트, 캐릭터 등을 작업하고 있습니다. 스튜디오 '너를 만나 행복해' 공동 대표로 기업의 브랜드 이모티콘 제작도 진행했습니다. 현재, 동국대학교 파라미타칼리지 RC교육센터 강사와 카카오 이모티콘 작가로 활동하고 있으며 이모티콘으로는 '나나의 오셨습니까 형님톡', '우리 함께 힘내요' 등이 있습니다.
instagram: @0yoon_joo

한눈에 보는 세계 속 지리 쏙

초판 1쇄 발행 2021년 6월 15일

글 오민아 | 그림 주영윤

ⓒ오민아, 주영윤 2021
ISBN 979-11-6581-170-9 (73300)

* 저작권법에 의하여 한국 내에서 보호를 받는 저작물이므로 무단 전재와 무단 복제를 금합니다.
* 책값은 뒤표지에 있습니다.
* 잘못 만들어진 책은 구입하신 곳에서 바꾸어 드립니다.

발행처 주식회사 스푼북 | 발행인 박상희 | 총괄 김남원
편집 박지연·김선영·박선정·박양인 | 디자인 지현정·김광휘 | 마케팅 손준연·한승혜·이성호
출판신고 2016년 11월 15일 제2017-000267호
주소 (03993) 서울시 마포구 월드컵북로6길 88-7 ky21빌딩 2층
전화 02-6357-0050(편집) 02-6357-0051(마케팅)
팩스 02-6357-0052 | 전자우편 book@spoonbook.co.kr

제품명 한눈에 보는 세계 속 지리 쏙 | 제조자명 주식회사 스푼북
제조국명 대한민국 | 전화번호 02-6357-0050
주소 (03993) 서울시 마포구 월드컵북로6길 88-7 ky21빌딩 2층
제조년월 2021년 6월 15일 | 사용연령 8세 이상
※ KC마크는 이 제품이 공통안전기준에 적합하였음을 의미합니다.

⚠ 주 의
아이들이 모서리에 다치지 않게 주의하세요.

등장인물

엄마 게임과 관련된 일을 하고 있는 엄마는 전 세계를 배경으로 하는 거대한 게임을 만들 예정이래요. 그 핑계를 대고 사랑해 마지않는 아들 민들이와 함께 세계 여행길에 오른답니다.

민들 어디든 날아가는 민들레를 부러워하는 엄마가, 어디든 가라고 '민들'이라고 이름 지었지요. 엄마가 민들이를 가졌을 때 바다를 배경으로 하는 게임을 즐겨 하고 해적이 나오는 만화를 그렇게 봤다고 하더니 그게 영향을 끼쳤나 봐요. 민들이는 이번 여행에서 숨겨진 보물이라도 찾을 기세인걸요! 사실 그냥 단순한 여행일지도 모르는데 말이지요.

 여행 일정

엄마와 민들이가 가야 할 길은 꼬불꼬불 무척 복잡해 보입니다. 엄마가 스케일이 아주 큰 게임을 만들겠다며 민들과 함께 여행길에 올랐거든요. 둘은 대한민국, 인천 공항에서 출발하여 동북아시아의 일본을 거쳐 오세아니아로 향합니다. 오스트레일리아와 뉴질랜드를 둘러보고 서쪽으로 방향을 돌려 동남아시아를 지나 아프리카 대륙을 따라 쭉 지나갈 것입니다. 다음으로 남극 대륙 주변을 한 바퀴 돌고서 북쪽으로 발길을 돌려 남아메리카와 중앙아메리카, 북아메리카를 여행합니다. 그러고는 북대서양을 건너 북극해를 둘러보고 유럽을 둘러본 뒤 서남아시아를 통해 중국을 거쳐 다시 대한민국으로 돌아오면 여행은 끝나지요.

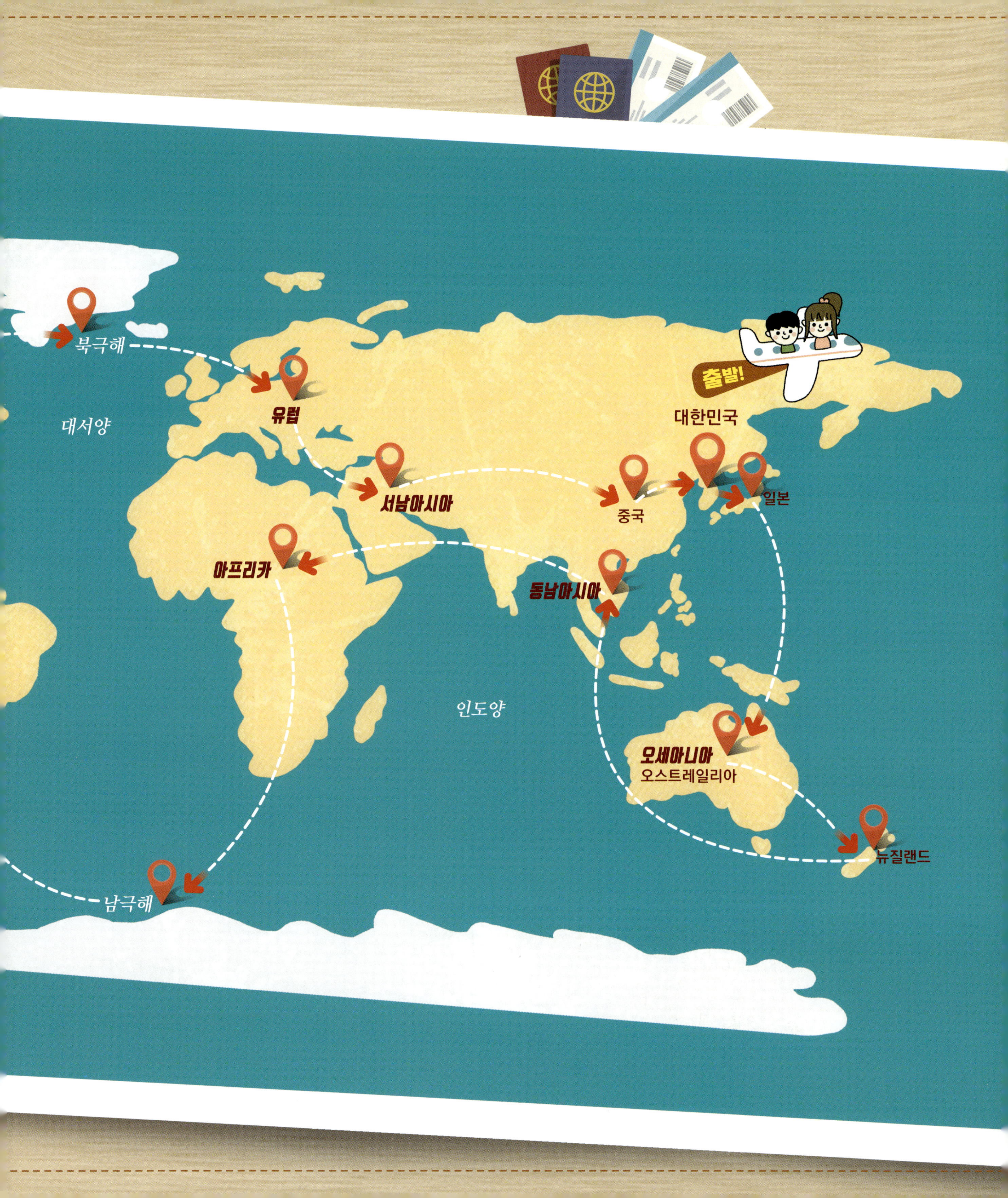

출발!
대한민국
일본
중국
북극해
유럽
대서양
서남아시아
아프리카
동남아시아
인도양
오세아니아
오스트레일리아
뉴질랜드
남극해

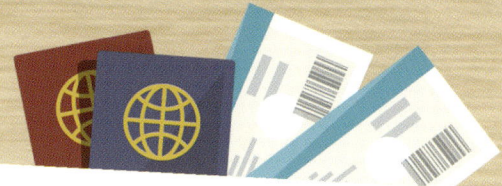

여행을 떠나기 전

지구본과 세계 지도

지구본과 세계 지도는 세계 곳곳을 살펴볼 때 기본이 되는 도구예요. 지구본은 둥근 지구를 아주 작게 줄여서 지구와 비슷한 모습으로 만든 것이고, 세계 지도는 둥근 지구의 모습을 평면으로 나타낸 것이에요.

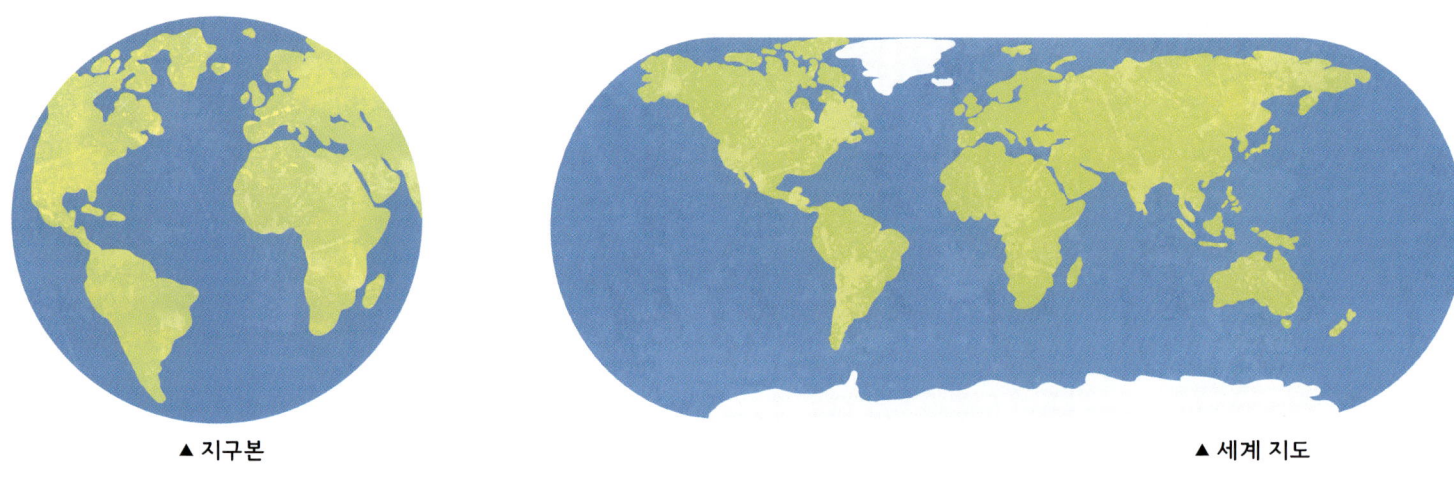

▲ 지구본　　　　　　　　　　　　　　　　▲ 세계 지도

지역마다 다른 세계 지도

혹시 우리나라의 남해안이 북쪽에 있는 지도를 본 적이 있나요? 이게 무슨 소리냐고요? 오스트레일리아의 맥아더가 만든 세계 지도에서는 우리나라의 남해안이 북쪽에 있답니다. 맥아더는 왜 그런 지도를 만든 걸까요?
맥아더는 열다섯 살 때 교환 학생으로 다른 나라에 가게 되었어요. 그런데 외국에서 맥아더는 '세계 밑바닥에서 올라온 녀석'이라는 꼬리표를 달고 다녀야 했대요.
왜냐하면 당시 지도는 북쪽이 위쪽에 있는 것이 일반적이어서 오스트레일리아는 늘 지도의 맨 아래쪽에 있었기 때문이지요. 화가 난 맥아더는 새로운 지도를 만들어야겠다는 결심으로 오스트레일리아가 세계 밑바닥에 깔린 지도가 아닌 세계 꼭대기에 있는 지도를 만들었다고 해요.
그럼 맥아더가 만든 지도가 우리가 그동안 본 다른 세계 지도에 비해 정확성이 떨어질까요? 그렇지 않아요.
지도를 그리는 방법이 같기 때문에 정확성은 같지요. 하지만 뭔가 낯설다고요? 그건 우리가 북반구를 위쪽으로 생각하는 관습을 갖고 있기 때문이에요. 실제로 지구는 무한대의 우주에 떠 있기 때문에 위아래가 구분되어 있지 않아요. 그럼에도 단지 북반구에 많은 나라들이 있다는 이유로 북반구를 위에 있는 것으로 여겨 온 것이죠.

우리나라 해양수산부에서도 2017년 거꾸로 된 세계 지도를 발표했어요. 맥아더가 그린 지도처럼 우리나라의 남해안이 북쪽에 있는 지도이지요. 이 지도는 우리나라 위쪽에 넓은 바다가 펼쳐져 있어 바다로 뻗어 나가는 한반도의 진취적인 기상을 느낄 수 있게 제작되었어요. 우리가 그동안 익숙하게 보던 지도들은 서양이 지도의 중심에 위치하고 우리나라는 유라시아 대륙의 구석에 있는 것처럼 보였어요. 하지만 이렇게 똑같은 지역의 모습도 다양하게 표현될 수 있습니다.

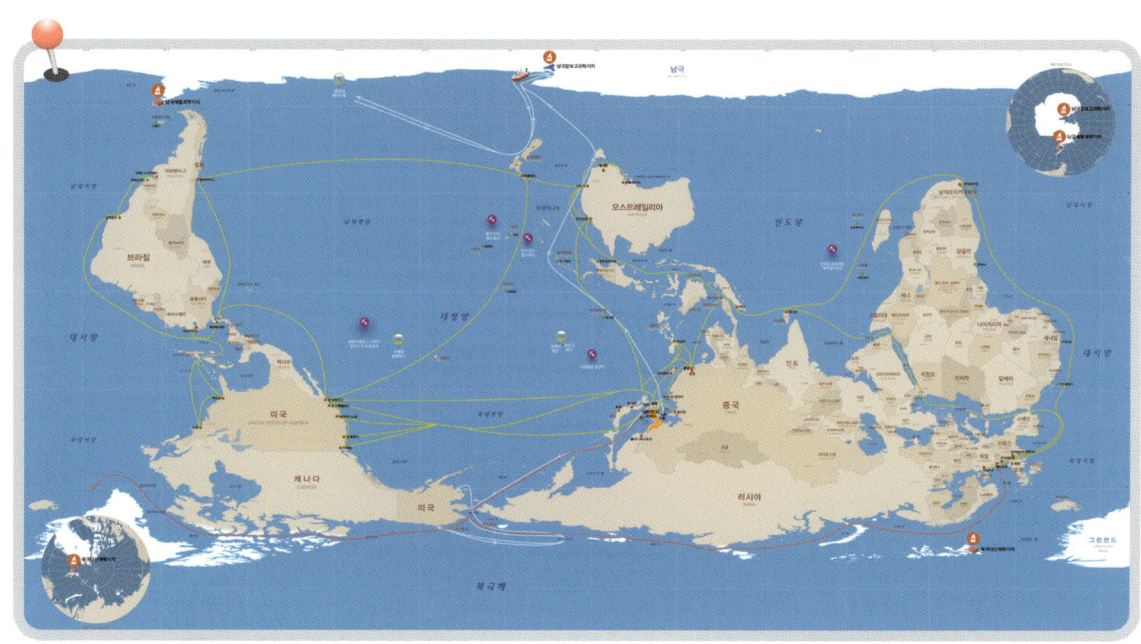

▲ 우리나라 해양수산부에서 만든 거꾸로 지도

● 지구의 주소

특정한 장소의 정확한 위치를 나타내기 위해 지구를 가로지르는 상상의 선인 위선과 경선을 사용하고 있어요. 이게 바로 지구의 주소예요. 위선은 동쪽과 서쪽을 잇는 선이고, 경선은 북쪽과 남쪽을 잇는 선이지요.

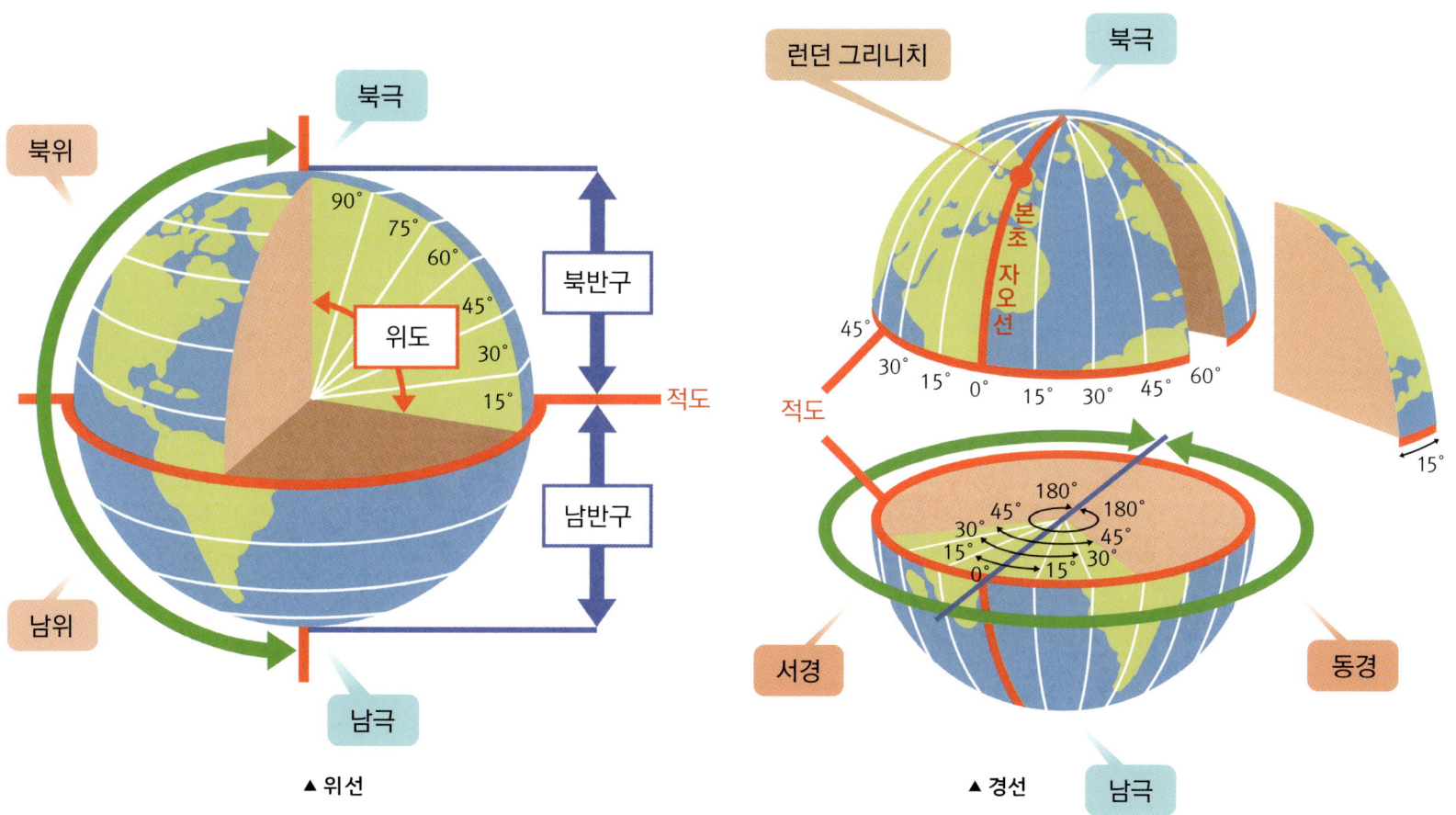

▲ 위선

▲ 경선

 그럼 여기서 문제!

외국에 사는 친구에게 우리나라의 위치를 정확하게 설명하고 싶다면 어떻게 말해야 할까요?

"우리나라는 북위 33~43도 사이, 동경 124~132도 사이에 있어요."

바다와 대륙

혹시 '5대양 6대주'라고 들어 봤나요? 지구는 크게 바다와 대륙으로 구성되어 있어요. 5대양은 큰 바다 다섯 개고, 6대주는 커다란 땅덩이 여섯 개를 말하지요. 즉, 5대양은 태평양, 대서양, 인도양, 남극해, 북극해를 말하고, 6대주는 아시아, 유럽, 아프리카, 남아메리카, 북아메리카, 오세아니아를 말해요.

그런데 최근에는 5대양 6대주가 아닌 3대양 7대주로 구분하기도 합니다. 왜냐하면 북극해는 다른 대양에 비해 규모가 작을 뿐 아니라 대서양의 일부로 여겨지기도 하기 때문이에요. 또한 남극해는 태평양, 인도양, 대서양과 연결된 바다로 바다의 경계를 명확하게 구분할 수가 없어요. 그래서 태평양, 인도양, 대서양만 대양이라고 부른답니다. 7대주라고 하는 이유는 일반 거주민은 없지만 다른 대륙에 비해 규모 면에서 뒤떨어지지 않는 남극을 포함시킨 것이지요.

그럼 여기서 문제!

대양과 대륙을 이용해서 우리나라의 위치에 대해서 설명해 보세요.

"우리나라는 아시아 대륙의 동쪽에 위치하고 있으며 태평양과 가까이 있답니다."

🟢 대륙의 경계

오세아니아처럼 뚝 떨어져 있는 대륙은 구별하기 쉽지만, 아시아와 유럽처럼 붙어 있어서 어디까지가 아시아이고, 어디까지가 유럽인지 모르겠는 대륙은 구별이 어려워요. 그래서 표로 정리해 봤답니다.

아시아와 유럽	러시아의 우랄산맥, 카자흐스탄과 러시아의 국경선, 카스피해, 러시아와 아제르바이잔의 국경선, 러시아와 조지아 간의 국경선, 흑해, 터키와 그리스 간의 국경선
아시아와 아메리카	러시아의 동쪽 끝과 아메리카 대륙의 알래스카반도 사이의 베링 해협
아시아와 아프리카	수에즈 운하
아시아와 오세아니아	인도네시아와 뉴기니섬과의 중간(인도네시아, 필리핀은 아시아 뉴질랜드와 피지, 통가 등 남태평양의 많은 섬나라들은 오세아니아)
북아메리카와 남아메리카	파나마와 콜롬비아 간의 국경선

출발!

9

대한민국

러시아

우리나라는 한반도와 부속 섬들로 이루어져 있는데, 반도 국가라는 특징 때문에 대륙과 바다 양쪽으로 진출하기 쉬운 조건을 가지고 있어요. 반도란 삼면이 바다로 둘러싸여 있고 한 면이 대륙에 이어진 땅을 말해요. 우리나라와 이탈리아, 그리스가 반도에 속하지요. 우리나라는 반도이기 때문에 예로부터 침략도 많이 받았지만, 이웃 나라와 문자를 교류하면서 발전해 온 강점도 지니고 있답니다. 현재 세계에서 유일하게 분단국가인 한반도는 1945년 사회주의를 표방하는 북한과 민주 공화제인 대한민국으로 갈라졌어요.

백두산 천지
백두산
함경북도
삼지연
민지산
함경남도
함흥 대극장 · 함흥
금강산

사계절이 늘 아름다운 운산강은 기괴한 암봉과 자연의 절경이 많이 어우러진 곳으로 천하제일 경으로 불리어 왔어요.

평안북도
평안남도
평양 · 평양
평양 동명왕릉
황해도

신의주 압록강 철교 · 신의주
압록강
중국

동해

아무것도 없는 잔잔한 바다에서 갑자기 불과 용암이 솟구쳤어요. 쏟아지던 용암은 바닷물에 식어 금방 딱딱한 돌로 변했고, 그 위에 쌓이고 쌓여서 드넓은 땅으로 변하기 시작했죠. 오랜 시간이 지나 용암이 쏟아지던 구멍은 높은 산이 되었고, 용암으로 만들어진 땅은 커다란 섬이 되었어요. 바로 한라산과 제주도랍니다.

지도 속 지명

- 독도
- 울릉도
- 경주 석굴암과 첨성대
- 안동 하회 마을
- 강릉 경포대
- 경주
- 울산광역시
- 부산광역시
- 부산 태종대
- 부산
- 안동
- 경상북도
- 대구광역시
- 경상남도
- 합천
- 합천 해인사
- 강원도
- 설악산
- 속초
- 강릉
- 단양
- 단양 팔경
- 충청북도
- 세종특별자치시
- 대전광역시
- 공주
- 공주 무령왕릉
- 충청남도
- 경기도
- 수원 화성
- 남산 서울 타워
- 서울특별시
- 인천광역시
- 개성 왕건왕릉
- 개성
- 해주
- 해주 부용당
- 전주
- 전주 한옥 마을
- 전라북도
- 광주광역시
- 전라남도
- 제주 한옥 마을
- 제주특별자치도
- ▲ 한라산
- 서귀포
- 한라산 백록담
- 남해
- 황해

대한민국

서울

대한민국의 수도인 서울은 한반도 중앙에 있으며, 한강을 사이에 두고 남북으로 펼쳐져 있어요. 1394년 조선의 수도가 된 이후 지금까지 정치, 경제, 산업, 문화의 중심지가 되었죠. 서울을 상징하는 꽃은 개나리, 나무는 은행나무, 새는 까치, 캐릭터는 해치라는 전설의 동물이랍니다.

수원 화성

조선 제22대 정조 대왕이 아버지 장헌(사도) 세자를 기리며 지었어요. 활차, 거중기 등 과학적 기구를 성을 짓는 데 사용했으며, 성곽의 전돌, 건조물의 기와 등이 독특한 방법으로 제작되었어요.

경주 석굴암과 첨성대

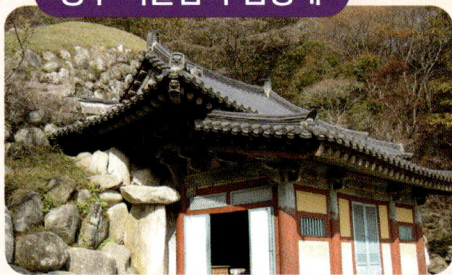

첨성대는 경주에 있는 신라 중기의 석조 건축물로, 선덕 여왕 때 세워졌어요. 동양에서 현존하는 가장 오래된 천문 기상 관측대로 알려져 있어요.

석굴암은 통일 신라 시대에 경주 토함산에 세워진 한국의 대표적인 석굴 사찰로, 화강암 자연석을 다듬어 인공적으로 축조한 것이에요. 국보 제24호로 지정되었으며, 유네스코 세계 문화유산으로도 지정되었지요.

합천 해인사

해인사에 보존되어 있는 팔만대장경과 장경판전은 현재 세계 기록 유산, 세계 문화유산으로 각각 지정되어 우리 문화의 우수성을 알리고 있어요. 같은 시기에 만들어진 동양 각국의 대장경과 비교할 때 오탈자가 거의 없다시피 하고 글꼴이 한 사람이 새긴 듯이 일정해서 그 자체로 예술품처럼 느껴지는 고려 대장경이랍니다. 해인사 가장 높은 곳에 자리 잡은 장경판전도 외양의 아름다움은 물론 그 안에 숨겨진 과학적 지혜가 찬탄을 자아내게 한답니다.

안동 하회 마을

안동 하회 마을은 풍산 류씨가 600여 년간 대대로 살아온 한국의 대표적인 동성(同姓) 마을이며, 기와집과 초가, 그리고 전통적 주거 문화가 오랜 역사 속에서도 잘 보존된 곳입니다. 마을 이름을 하회(河回)라 한 것은 낙동강이 'S'자 모양으로 마을을 감싸 안고 흐르는 데서 유래된 것이지요. 조선 시대부터 살기 좋은 마을로 유명했답니다.

전주 한옥 마을

전주는 후백제의 도읍이었으며, 조선 태조의 본향으로 왕조의 뿌리가 있는 곳입니다. 또 한식과 한복, 한지 등 우리 문화의 참맛이 살아 있는 고장이지요. 풍남동과 교동 일대의 전주 한옥 마을이 그 중심으로, 일제 강점기에 일본 상인들에 대항해 조성한 한옥촌입니다.

한라산과 백록담

한라산은 남한에서 가장 높은 산이자 화산입니다. 한라산은 아랫부분에 현무암질의 용암이 빠르게 흘러 완만한 경사를 이루었고, 윗부분은 끈적끈적한 용암이 흘러 급격한 경사를 이루었어요. 한라산 꼭대기에는 화산 분출구가 막혀 물이 괸 호수인 백록담이 있습니다.

주상 절리

제주 대포동 바닷가에 가면 검붉은 4~6각 모양의 바위기둥들을 볼 수 있어요. 이 기둥들을 주상 절리라고 하는데, 제주에서 볼 수 있는 대표적인 화산 지형 중 하나랍니다. 제주도 주상 절리는 현무암질 용암이 바다로 흘러 들어가 급격히 식으면서 부피가 줄어들어 만들어진 것입니다. 시간이 지나면서 기둥 사이의 틈이 더 벌어지고 수직 방향으로 갈라져, 현재의 기둥 모양이 완성된 것이죠.

독도

두 개의 큰 섬인 동도와 서도, 그리고 주변의 89개 섬으로 구성되어 있습니다. 독도는 천연기념물 제336호 '독도천연보호구역'으로 보호되고 있으며, 역사성과 더불어 자연 과학적 학술 가치가 매우 큰 섬입니다. 난류의 영향을 많이 받는 전형적인 해양성 기후이며, 안개가 잦고 연중 흐린 날이 약 160일 이상입니다. 경상북도 울릉군에 속해 있으며 전갱이, 고등어, 미역 등이 많이 납니다. 독도는 역사적, 지리적, 국제법적으로 명백하게 대한민국 고유의 영토입니다.

개성

고려 시대의 수도였습니다. 주위가 구릉에 둘러싸여 있고 '송도' 또는 '개경'으로 불리기도 했지요. 시의 동쪽에는 고려 말의 충신 정몽주와 관련 있는 숭양서원과 선죽교 등의 사적이 남아 있습니다.

신의주

신의주는 평안북도의 압록강 부근에 자리하여 중국의 단둥과 마주하는 도시입니다. 예로부터 중국과의 국경에 자리하여 변경 수비를 해 오던 곳이지요. 신의주는 '의주의 전통을 계승함과 동시에, 새롭게 탈바꿈한다'는 뜻으로, 본래 의주 위치에서 하류를 향하여 약 20㎞ 이동한 곳에 위치하고 있습니다.

백두산

백두산은 한반도에서 가장 높은 산으로, 1년 중 8개월은 산머리가 눈으로 덮여 있는 데다가 흰색의 부석들이 있어서 '흰머리산'이란 뜻의 백두산이라는 이름으로 부르게 되었어요. 백두산은 거대한 화산 폭발로 상단부가 함몰된 성층 화산이지요. 함몰 지형인 칼데라는 969년 화산 분출로 인해 형성되었다고 추정되며, 지금은 지하수가 차올라서 천지를 이루고 있어요.

일본

아시아 동쪽 끝에 있는 입헌 군주국인 일본은 홋카이도, 혼슈, 시코쿠, 규슈 및 그 부속 섬으로 이루어진 섬나라입니다. 1868년 메이지 유신 이후 자본주의적 군주국으로 급속히 발전하였습니다.

오타루 운하
오타루 · 삿포로 · 홋카이도 시계탑
홋카이도

오키나와섬
만좌모
잔파곶
· 오키나와
· 나하
슈리성

아오모리

동해

태평양

사도가섬

사이타마현에 있는 고마 마을은 백제와 고구려가 멸망한 뒤 일본으로 건너간 고구려 유민을 이주시킨 곳입니다.

· 니이가타

고마 신사

오사카성 나고야성
혼슈

고베 히메지성
히로시마 ·
· 고베
도쿠시마 · · 오사카 · 나라
· 나고야

도쿄 · 도쿄타워
· 요코하마
후지산

나라 도다이지

후쿠오카 타워
· 후쿠오카
· 나가사키
규슈 벳푸
벳푸 온천
· 미야자키
· 가고시마

시코쿠

14

오세아니아

오세아니아는 남태평양의 여러 섬을 일컫는 말로, 넓게는 오스트레일리아와 뉴질랜드, 멜라네시아, 폴리네시아를 포함하는 태평양 지역의 섬들을 뜻합니다. 오세아니아 중 오스트레일리아만 대륙이고, 대부분의 섬은 화산 활동으로 생겼거나 산호초가 쌓여 만들어졌습니다. 오세아니아는 남반구에 위치해 있기 때문에 한여름에 크리스마스를 맞이합니다.

• 파푸아 뉴기니에서 가장 높은 산이에요.
윌헬름산
파푸아 뉴기니
• 포트모르즈비

미크로네시아, 피지, 투발루
지구 온난화로 만조 시에 1m나 해수면이 상승하는 투발루는 국토가 사라질 위험에 처해 있어요. 해수면 상승으로 바닷물에 모래가 휩쓸리면서 해안에 심어 놓은 나무들이 쓰러지고, 제방과 둑이 무너지고 있어요. 또한 바닷물이 스며들어 농작물이 죽고 식수를 구하기도 어려워졌지요.

• 울루루는 거대한 모래 바위예요.

스쿠버 다이빙
스노클링

뉴질랜드
남서태평양에 있는 섬나라로, 북섬과 남섬으로 이루어진 본토와 여러 섬이 있어요.

노던
퀸즐랜드
울루루
오스트레일리아

록킹햄
• 퍼스
펭귄섬

아기 캥거루는 '조이'라고 해요.
붉은 캥거루
코알라
타운홀
시드니◉
캔버라 •
멜버른
시드니 오페라 하우스
멜버른 12사도 바위
태즈메이니아

태평양
마오리족
• 오클랜드
북섬
태즈먼해
◉웰링턴
쿡산
태즈먼 빙하
▲ **남섬**
뉴질랜드
스튜어트섬

뉴질랜드 남섬의 태즈먼산과 쿡산 사이에 걸쳐 있는 곡빙하예요.

오스트레일리아
오스트레일리아는 굉장히 넓은 섬나라로, 여섯 개의 주가 있어요.

일본

오키나와

류큐 제도 남부에 있는 화산섬으로 이루어진 오키나와현에서 가장 크고 중심이 되는 섬이지요. 북부는 산과 밀림으로 이루어지고 남부는 낮은 구릉지대로 바위가 많은데, 주민들은 거의 남부에 삽니다. 제2차 세계 대전 당시인 1945년 4월 1일 미군이 처음 이 섬에 상륙하여 그해 6월 점령할 때까지 미국과 일본의 전투가 치열했던 곳으로, 당시 이 지역 건물의 90% 이상이 파괴되었습니다.

오사카성

오사카의 상징인 오사카성은 16세기에 도요토미 히데요시가 일본 통일을 이룬 뒤 권력을 과시하기 위해 지은 성입니다. 인부 10만 명을 동원하여 1583년에 축성을 시작했지요. 완성 당시에는 금박 장식으로 뒤덮인 호화로운 모습이었으나 이후 소실과 재건의 역사를 거쳤어요. 지금의 건물은 1931년에 콘크리트로 복원된 것인데 병풍에 그려진 그림을 참고한 것이라고 합니다.

고마신사

'고려 신사'라고도 불리며 고구려의 마지막 임금이자 보장왕의 자손으로 알려진 약광을 모시기 위해 세운 신사입니다. 일본에서 매우 오래된 신사 중 하나인 고마 신사는 역대 여섯 명의 총리가 이곳에서 참배한 뒤 총리에 임명됐다고 해서 일본인들 사이에서는 출세를 기원하기 위해 찾는 신사로 알려져 있습니다.

후지산

높이 3,776m, 산정 화구 지름 약 700m, 깊이 약 240m의 일본 최고봉으로, 후지 화산대의 주봉이며 현무암으로 이루어진 원뿔형의 성층 화산입니다.

벳푸

온천이 시내 각지에서 용출되며, 용출량 또한 일본에서 1위인 도시입니다. 온천은 관광 산업뿐만 아니라 생활에도 폭넓게 이용되고 있습니다.

도쿄

도쿄는 일본의 수도로, 일본 간토 지방의 남부에 있습니다. 도쿄만과 마주 보고 있는 도시로 일본의 정치, 문화, 경제, 공업, 교통의 중심지입니다.

아라시야마

교토의 대표적인 관광 명소로, 헤이안 시대에 귀족의 별장지로 개발된 지역입니다. 사계절의 변화가 선명하며 특히 봄의 벚꽃, 가을의 단풍 명소로 유명합니다. 목조로 된 길이 154m의 다리인 도게츠교와 치쿠린이라는 대나무 숲 산책로는 아라시야마의 상징입니다. 그 밖에도 근교에 여러 사찰과 신사, 전각들이 남아 있습니다.

오세아니아

로터루아의 간헐천

뉴질랜드 북섬 중북부의 도시 로터루아에 있는 간헐천 지대입니다. 간헐천은 지열로 가열된 물과 수증기가 일정한 간격을 두고 분출하는 온천으로, 화산 활동이 활발한 지역에 주로 나타납니다.

태즈먼 빙하

뉴질랜드 남섬의 태즈먼산과 쿡산 사이에 걸쳐 있는 태즈먼 빙하 일대는 쿡산 국립 공원으로 지정되어 있습니다. 이 빙하에서 흘러 나가는 물은 수력 발전에 이용되고 있지요.

오페라 하우스

오스트레일리아의 시드니에 있는 오페라 하우스는 시드니 항구에 정박되어 있는 요트들의 돛 모양에서 영감을 받은 것으로, 조가비 모양의 지붕이 바다와 묘한 조화를 이루고 있습니다. 시드니를 대표하는 건축물로 2007년에 유네스코 세계 문화유산으로 지정되었습니다.

멜버른 12사도 바위

오스트레일리아의 대표적 관광지인 그레이트 오션 로드의 12사도 바위는 파도의 침식으로 형성된 지형입니다. 각 바위에는 예수 그리스도의 열두 제자들의 이름이 붙었습니다.

런던 브리지 바위

오스트레일리아의 런던 브리지 바위는 파도의 영향으로 중간 부분이 침식되어 형성되었어요.

울루루

울루루는 오스트레일리아 노던주 남서쪽에 있는 사암질의 거대한 바위로 원주민들에게 신성한 공간으로 여겨집니다. 시각과 구름의 농도에 따라 색채가 변해 하루에 일곱 번 다른 모습을 볼 수 있다고 해요. '에어즈 록'이라고 불리기도 하지만 본래 원주민의 성지로 '울루루'가 맞는 표현이며, 원주민의 언어로 '그늘이 진 장소'라는 의미입니다.

동남아시아

아시아의 동남부 지역인 동남아시아는 인도차이나반도와 말레이 제도로 구성되며 베트남, 캄보디아, 타이, 미얀마, 말레이시아, 싱가포르, 인도네시아, 필리핀, 브루나이 등이 포함됩니다. 세계적으로 쌀이 가장 많이 생산되는 지역이며 그 외에도 천연고무, 차, 사탕수수, 커피 등을 거대한 농장에서 키워 내고 있습니다.

타이
타이는 '자유의 나라'라는 뜻이에요. 타이에서 가장 긴 짜오프라야강 하류의 삼각주를 중심으로 벼농사가 이루어지고 있지요. 짜오프라야강은 타이 말로 '어머니의 강'이라는 의미예요.

베트남에서 가장 큰 도시인 호찌민은 베트남의 독립 영웅인 호찌민을 존경하는 마음으로 이름 지어졌어요.

쿠알라셀랑고르강에서 바라본 반딧불은 그야말로 장관이에요.

세계에서 여섯 번째로 큰 섬이에요. 인도네시아 전체 인구의 절반 이상이 살고 있어요. 토지가 비옥해서 벼농사가 발달했습니다.

인도네시아
인도네시아는 세계에서 가장 많은 섬으로 이루어진 나라예요. 그중 1만 개 이상이 사람이 살지 않는 섬이래요. 아예 이름조차 없는 섬도 있다고 해요. 인도네시아 동서 간의 거리는 5,000km가 넘어서 같은 인도네시아 국가끼리도 시차가 세 시간이나 나요.

비엔티안 부근의 콕싸앗 소금 마을입니다.
라오스는 내륙 국가이지만 지하수에서 소금을 얻는 방식으로 소금 생산이 가능하지요.

루손 해협

남중국해

필리핀

필리핀은 동남아시아 동북단, 아시아 대륙 남동쪽 서태평양에 있어요. 7천여 개의 섬으로 이루어진 나라로, 필리핀의 섬 대부분은 화산 폭발로 생긴 거래요.

루손섬

피나투보 화산

◉ 마닐라

필리핀

비사야 제도

필리핀을 구성하는 세 지역 중 하나예요. 루손섬과 민다나오섬 사이에 있는 큰 섬 일곱 개와 작은 섬 수백 개로 이루어져 있어요. 관광지로 잘 알려진 세부가 바로 비사야 제도에 속해요.

베트남

베트남은 인도차이나반도 동쪽을 길게 감싸는 모양이에요. 길쭉한 모양새를 지닌 베트남 땅을 용의 모습에 비유하기도 하죠.

• 세부

팔라완섬

마리마리 원주민

고무나무

민다나오섬

• 다바오

태평양

코타키나발루 •

반다르스리브가완 ◉
UMS 모스크 (핑크 모스크)
브루나이

보르네오섬은 세 나라가 차지하고 있어요. 가장 큰 부분이 인도네시아, 위쪽 일부가 말레이시아와 브루나이의 영토입니다.

말레이시아

인도네시아

보르네오섬

술라웨시섬

뉴기니섬

우붓 왕궁
발리

린자니산 국립 공원

동티모르

〖 인도네시아 〗

보로부두르 불교 사원

자와섬에 위치한, 8단으로 이루어진 거대한 불탑이 있는 사원입니다. 불교 예술의 정수를 보여 주는 건축물로 유네스코 세계 문화유산으로도 등재되어 있습니다.

〖 베트남 〗

호이안

베트남 중부 꽝남성에 있는 도시예요. 16세기 중엽 이래 무역 도시로 번성했지요. 당시 도자기가 많이 거래되었고 일본인 마을이 생겨날 정도로 일본과 교역을 많이 했어요. 내원교는 일본인 마을의 흔적이랍니다.

다낭 대성당

베트남이 프랑스의 식민지였을 때 다낭에 프랑스인이 세운 성당입니다. 교회 지붕에 바람의 방향을 알 수 있는, 합금으로 된 닭 모양의 풍향계가 있습니다. 그래서 '수탉 성당'이라고 부르기도 한답니다.

〖 라오스 〗

파 탓 루앙

라오스 비엔티안에 있는 불교 사원으로, '위대한 불탑'이라는 뜻입니다. 라오스의 상징으로 여겨져 라오스의 국장과 지폐에 사용되고 있습니다. 황금색 부처의 사리탑으로 유명합니다.

꽝 시 폭포

라오스 루앙프라방에 있는 폭포예요. 라오스의 대표 관광지인 꽝 시 폭포는 '사슴 폭포'라는 뜻이에요. 계단식으로 폭포가 형성되어 있고 석회암 성분 때문에 폭포수의 색이 에메랄드색으로 보이는 것이 특징이랍니다.

〔 타이 〕

왓 포

방콕에 있는 불교 사원입니다. 타이 왕궁 뒤쪽에 있는, 방콕에서 가장 넓은 규모의 사원이지요. 와불상이 유명한데 와불상은 총 길이가 46m에, 높이는 15m로 발바닥이 진주조개로 되어 있다고 해요.

아유타야 역사 도시

타이의 두 번째 왕조인 아유타야 왕조의 수도였습니다. 짜오프라야강 하류 삼각주 지대에 있고 전성기에는 화려한 문화를 선보이며 번성했습니다. 그러나 1767년 버마(지금의 미얀마)가 침입하면서 유적이 많이 소실되었습니다.

〔 싱가포르 〕

주롱 새 공원

싱가포르 서부 주롱에 있는 야생 조류 공원입니다. 공원 내부는 친환경적으로 꾸며져 있으며 인공 폭포가 인상적입니다. 주롱 새 공원에는 약 400여 종의 새가 있다고 합니다.

술탄 모스크

싱가포르에 사는 무슬림의 중심지로 멀리서도 황금빛 돔이 돋보입니다. 다민족 국가 싱가포르에 공존하는 다양한 문화의 일면을 느낄 수 있지요.

〔 캄보디아 〕

앙코르 와트

캄보디아 서북부에 있는 돌로 만든 사원입니다. 12세기 초에 크메르족 왕이 신과 왕의 합일을 기원하며 지었다고 합니다. 세계 7대 불가사의로 꼽힐 만큼 거대한 규모와 정교하고 독특한 양식을 자랑하는 건축물입니다.

따 프롬

앙코르 유적지에 있는 불교 사원으로 자야바르만 7세가 어머니의 극락왕생을 비는 마음에 지은 사원이라고 합니다. 가로 약 1,000m, 세로 약 600m의 거대한 유적으로 영화 〈툼레이더〉의 촬영지로 더욱 유명해졌답니다.

《 이집트 》

기자 피라미드

이집트 기자에 있는 피라미드입니다. 그중 쿠푸왕의 피라미드는 가장 큰 규모를 자랑하며 10만 명의 인원이 20여 년에 걸쳐 지었을 것으로 예상되지요. 이집트를 넘어 세계적으로 손꼽히는 고대 유적입니다.

나일강

아프리카 대륙 북동부를 흐르는 나일강은 세계에서 가장 긴 강 중 하나입니다. 나일강 하류 지역은 이집트 문명이 크게 번영했던 곳으로, 피라미드와 신전 등 수많은 유적이 남아 있습니다.

수에즈 운하

지중해와 홍해, 인도양을 잇는 운하입니다. 세계 최대 규모로 아시아와 아프리카 두 대륙의 경계인 이집트 시나이반도 서쪽에 건설되었습니다. 아프리카 대륙을 우회하지 않고 곧바로 아시아와 유럽이 연결되는 통로라는 점에서 중요한 역할을 하고 있지요.

《 우간다 》

빅토리아호

아프리카에서 가장 큰 호수랍니다. 우간다, 탄자니아, 케냐에 걸쳐 있습니다. 이 호수를 발견했을 당시 영국의 여왕이었던 빅토리아 여왕에서 이름을 따서 빅토리아호로 명명했습니다.

《 리비아 》

사하라 사막

아프리카 대륙 북부에 위치해 있는 사하라 사막은 세계에서 가장 큰 사막입니다. 아프리카 대륙의 3분의 1을 차지할 정도의 규모로, 리비아와 이집트 등에 걸쳐 있습니다.

가다메스 옛 시가지

사하라 사막 위에 세워진 오아시스 도시입니다. 리비아의 서쪽에 있는 이곳은 수 세기 동안 사막 무역의 요충지였습니다.

《 탄자니아 》

세렝게티 국립 공원

탄자니아 세렝게티 평원에 있는 국립 공원입니다. 사바나 지대의 중심에 있는 탄자니아 최대의 국립 공원으로 사자, 코끼리, 들소 등 대형 포유류가 살고 있지요.

《 모잠비크 》

동아프리카대지구대

'리프트 밸리'라고도 합니다. 북으로는 서아시아의 요르단 협곡으로부터 남으로는 모잠비크의 델라고아만에 이르는 세계 최대의 지구입니다. 여기에서 말하는 '지구'는 두 개의 평행한 단층애로 둘러싸인 좁고 긴 골짜기가 띠를 이루는 지형을 말해요.

《 잠비아 》

빅토리아 폭포(모시 오아 툰야 폭포)

아프리카 잠비아와 짐바브웨의 경계를 흐르는 잠베지강에 있는 커다란 폭포입니다. 원주민들은 '모시 오아 툰야'라고 부르는데, 이는 '포효하는 연기'라는 뜻입니다.

《 에티오피아 》

랄리벨라 암굴 교회군

높은 산지에 있는 암반에 굴을 파서 만든 11개의 교회입니다. 팔레스타인과 이집트의 기술자들이 120여 년에 걸쳐 건설했어요. 1978년, 유네스코 세계 문화유산으로 지정됐습니다.

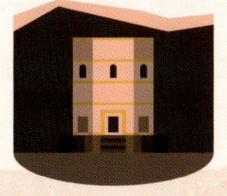

《 탄자니아 》

엘미나성

엘미나는 1471년 포르투갈인들이 건설한 도시이자 황금 해안 지역에서 유럽인에 의해 최초로 건설된 정착지입니다. 1482년 포르투갈인들이 건설한 엘미나성은 서아프리카에서 가장 오래된 성채로 이후 노예 무역 기지로 사용되었습니다.

북극

세계의 맨 꼭대기에 있는 얼어붙은 땅 북극은 사람이 살기에 척박한 환경이지만, 많은 모험가가 이곳을 탐사하는 일에 도전했어요. 북극권 국가들에는 캐나다, 핀란드, 그린란드, 아이슬란드, 노르웨이, 러시아, 스웨덴, 미국이 있어요. 북극은 짧은 여름에는 기온이 26℃ 정도까지 올라가지만, 겨울에는 영하 45℃ 아래로 떨어져요.

캐나다

대서양

• 긴 이빨을 가진 일각돌고래는 위턱 앞 이빨이 몸 길이 절반만큼 자라기도 해요.

• 그린란드에서는 많은 사람이 물고기를 잡으며 살아요.

일각돌고래

그린란드

뿔퍼핀

미국

북극의 기온이 급상승하면서 2005년 여름, 북극의 빙하 면적은 1979년에 비해 약 40%가 줄었습니다. 북극해의 빙하 면적 감소로 대양 대순환이 느려지면서 지구 곳곳에서 집중 호우, 가뭄 등의 이상 기후 현상과 생태계 변화가 발생하고 있습니다.

알래스카

아이슬란드

북극여우

엘즈미어섬

유픽족 가면

아일랜드

북극의 기후 변화 때문에 북극곰, 북극여우, 물개를 비롯한 야생 동물은 점점 먹이 구하기가 힘들어요.

• 북극해

영국

• 다산 과학 기지 주변에 자생하는 북극 식물이에요.

• 북극점

유픽족

노르웨이

북극제비갈매기

자주범의귀

• 다산 과학 기지

한국해양연구소가 2002년 노르웨이령 스발바르 제도의 니알슨에 세운 과학 기지로, 북위 78도 55분에 위치합니다. 북극 기지로서는 세계에서 열두 번째로 건설되었습니다.

유픽족은 춤출 때 나무로 만든 가면을 쓰기도 합니다.

유카스야르비 •

스웨덴

스발바르 제도
(노르웨이령)

북극 양귀비

핀란드

얼음 호텔

지구상에서 사람이 사는 곳 중, 가장 북쪽에 있는 섬들이에요.

1989년 건축된 호텔로, 전 세계의 예술가와 건축가가 모여 지은 곳이에요.

노릴스크의 누르드카말

흑해

러시아

남극

아문센스콧 기지

줄여서 남극점 기지라고도 합니다. 미국 탐험대에 의하여 모든 물자를 공수해서 1957년 1월 24일부터 남극점에 설치한 관측 기지로, 극점 첫 도착을 두고 경쟁한 탐험가 아문센과 스콧의 이름을 따서 지었습니다.

라디오존데

풍선으로 공중에 매달아 관측하는 1회용 기상 관측기구예요. 전파를 이용해 온도, 습도, 기압을 측정합니다.

쇄빙선

얼어붙은 바다에서 얼음을 부수어 항로를 만들기 위해 사용되는 배입니다. 한국 최초의 쇄빙 연구선은 아라온호입니다. 아라온호는 첨단 과학 장비가 탑재되어 다양한 연구 수행이 가능해요. 2006년 건조되기 시작하여 2009년 처음으로 물에 떴습니다.

세종 과학 기지

1988년에 사우스셰틀랜드 제도 킹조지섬 맥스웰만에 설립된 한국의 첫 번째 연구 기지예요. 남극의 자원 개발에 참여할 수 있는 연구권을 얻고 해저 지형과 지층, 저서생물, 해양 생물 등을 연구하기 위해 세워졌어요.

장보고 과학 기지

2014년에 남극 빅토리아 랜드 테라노바만 케이프 뫼비우스 인근에 설립된 한국의 두 번째 남극 과학 기지입니다. 남극의 자원 개발에 참여할 수 있는 권리를 얻고 빙하, 기상 대기 과학, 우주 과학, 운석 등을 연구하여 기초 과학을 향상하는 데 그 목적이 있어요.

북극

툰드라의 여름

북극해 연안의 얼어붙은 땅 지대를 툰드라 지대라고 합니다. 이곳은 거의 1년 내내 눈으로 덮여 있지만 짧은 여름철에는 일시적으로 땅이 녹아 온갖 꽃들이 피어 아름다운 경관을 연출합니다.

춤

툰드라 지역의 유목민들은 겨울철은 남쪽의 삼림 지대에서 보내고, 봄철에는 북쪽의 툰드라 지대로 이동합니다. 가을이 되면 겨울에 지내던 곳으로 돌아오지요. 이동에 편리하도록 '춤'이라 불리는 순록의 가죽으로 만든 원뿔형 텐트에서 거주합니다.

순록 유목

툰드라 지역의 주민들은 주로 순록 유목을 하며 살아갑니다. 순록은 옷과 이동식 가옥인 춤의 재료가 되며, 썰매를 끄는 이동 수단으로도 쓰입니다.

이누이트의 털가죽 옷

툰드라 지역 주민들은 주로 동물의 가죽으로 옷을 만듭니다. 순록이나 곰의 가죽으로 만든 옷은 보온성이 뛰어납니다.

스발바르 제도

스발바르 제도는 대부분의 나라들이 노르웨이 땅이라고 인정합니다. 하지만 러시아가 이 지역에 관심을 보이고 있지요. 이 섬의 석탄 탄광에서 일하려는 러시아 사람도 늘고 있답니다.

다산 과학 기지

2002년 4월에 노르웨이령 스발바르 제도, 스피츠베르겐섬에 위치한 니알슨 과학 기지촌에 건립된 한국 최초의 북극 과학 기지입니다. 매년 하계 기간(6~9월)에 약 60여 명의 국내외 연구자들이 연구를 위해 이곳을 방문해요. 니알슨 과학 기지촌에서는 다산 과학 기지 이외에도 독일, 노르웨이, 영국, 중국 등 10개국의 북극 과학 기지가 있습니다. 북극해 해빙 분석을 통한 기후 변화, 대기 관측, 극한지 유용 생물 자원 등을 연구하며 해양 및 육상 생태계 관측도 하고 있지요.

중남 아메리카

북아메리카 남부에서 남아메리카에 위치하며, 중남미 또는 라틴 아메리카라고도 불립니다. 과거 라틴 민족의 지배를 받아 라틴적인 전통의 배경을 지니는 지역을 뜻합니다. 에스파냐와 포르투갈의 영향을 많이 받았고, 대부분 가톨릭을 믿으며, 그들의 문화와 사회 제도를 따릅니다.

- 미국
- 멕시코만
- 멕시코
  - 몬테레이
  - 손바닥선인장
  - 마리아치
  - 멕시코의 전통 음악을 연주하는 악단인이에요.
  - 팔라시오 아르테스
  - 멕시코시티
  - 아스테카 문명
  - 마야 도시
- 감베체 제만
- 아르마딜로
- 벨리즈
- 과테말라
- 엘살바도르
- 온두라스
- 니카라과
- 코스타리카
- 파나마
  - 파나마 운하
  - 파나마만
  - 운하는 땅에 만든 물길을 말해요. 파나마 운하는 태평양과 대서양을 연결한답니다.
- 청새치
- 플로리다 해협
- 바하마 제도
- 서인도 제도
- 아바나
- 쿠바
- 자메이카
  - 레게
  - 자메이카 고유 음악이 리듬 앤 블루스의 영향을 받아 생겨난 음악 양식이에요.
- 아이티
- 도미니카 공화국
- 푸에르토리코 (미국령)
- 대앤틸리스 제도
- 카리브해
- 트리니다드 토바고
  - 스칼렛 아이비스 (진홍따오기)
  - 트리니다드 토바고의 국조입니다.
- 카라카스
- 호로보 (전통 춤)
- 베네수엘라
- 콜롬비아
  - 보고타
- 에콰도르
  - 키토
- 수리남
- 기아나 (프랑스령)
- 브라질
- 엔젤 폭포
- 갈라파고스 제도
  - 갈라파고스 거북이
- 대서양

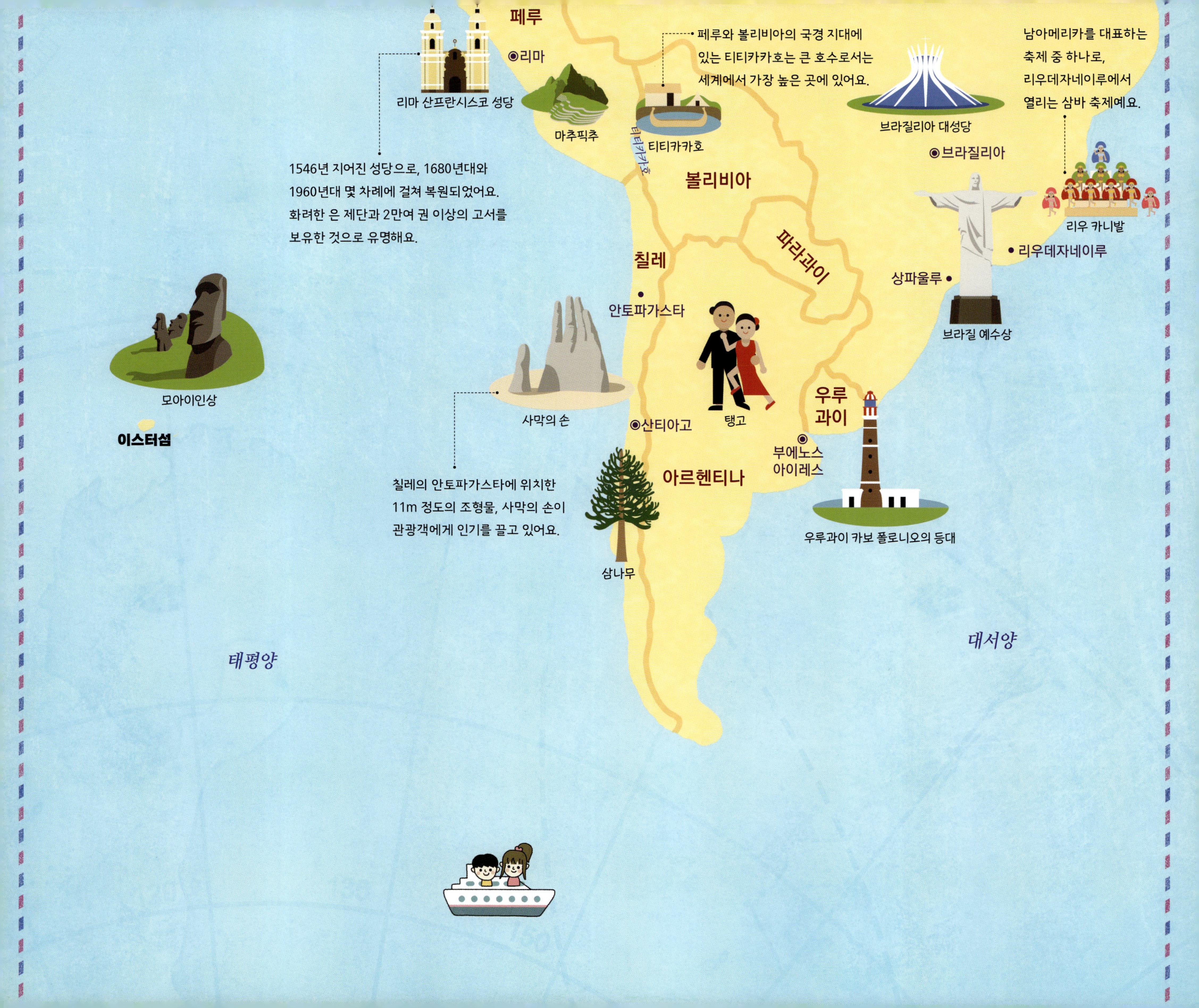

대서양 / 태평양

브라질
- 브라질리아 ◉ 브라질리아대성당
- 상파울루
- 리우데자네이루 — 리우카니발
  - 남아메리카를 대표하는 축제 중 하나로, 리우데자네이루에서 열리는 삼바 축제예요.
- 브라질예수상
- 우루과이 팔라시오 살보

페루
- 리마 ◉ 리마 산프란시스코 성당
  - 1546년 지어진 성당으로, 1680년대와 1960년대에 몇 차례에 걸쳐 복원되었어요. 화려한 은 제단과 2만여 권 이상의 고서를 보유한 것으로 유명해요.
- 마추픽추

볼리비아
- 티티카카호
  - 페루와 볼리비아의 국경 지대에 있는 티티카카호는 큰 호수로서는 세계에서 가장 높은 곳에 있어요.

파라과이

칠레
- 안토파가스타 — 사막의 손
  - 칠레의 안토파가스타에 위치한 11m 정도의 조형물. 사막의 손이 관광객에게 인기를 끌고 있어요.
- 산티아고
- 삼나무

아르헨티나
- 부에노스아이레스
- 탱고

이스터섬
- 모아이인상

브라질

상루이스 역사 지구

브라질 북동부 마라냥주에 있는 포르투갈과 네덜란드의 지배를 받았던 역사 도시 유적이에요. 17세기 후반에 세워졌으며, 훌륭한 역사적 건물들이 그대로 남아 있어요.

리우 카니발

남아메리카를 대표하는 축제 중 하나로, 리우 데자네이루에서 매년 2월 말부터 3월 초 사이에 열리는 삼바 축제예요.

이구아수 국립 공원(이구아수 폭포)

이구아수 폭포는 브라질과 아르헨티나 국경에 있는 이구아수강에 있어요. 아르헨티나 이구아수 국립 공원과 브라질 이구아수 국립 공원으로 나뉘지요.

지아만치나 역사 지구

브라질 미나스제라이스주에 있는 포르투갈 식민지 시대의 유적입니다. 포르투갈의 지배를 받던 도시 지아만치나는 18세기에 다이아몬드 채굴로 번영한 마을이에요.

셀라론 계단

리우데자네이루에 있는 계단으로, 칠레 출신의 예술가인 호르헤 셀라론이 수작업으로 타일을 붙여 완성한 작품입니다.

브라질 예수상

브라질의 리우데자네이루에 있는 거대한 조각상으로 높이는 38m, 무게는 1,145t이라고 해요. 티주카 국립 공원 내에 있는 코르코바도산(山)의 정상에 세워져 있답니다.

페루

마추픽추

'나이 든 봉우리'라는 뜻인데 산자락에서는 그 모습을 볼 수 없어 '공중 도시'라고도 불립니다. 페루 남부 쿠스코의 북서쪽 우루밤바 계곡에 있는, 잉카의 성곽 도시가 자리 잡았던 터입니다.

베네수엘라

앙헬 폭포

현지어로 '가장 깊은 곳에 있는 폭포'라는 뜻이에요. 세계에서 가장 높은 폭포로, 총 높이는 979m입니다. 1910년 탐험가에게 처음으로 발견되었어요.

칠레

모아이인상

칠레 이스터섬에 있는, 사람 얼굴 모양의 석상입니다. 큰 것은 높이가 20~30m에 무게는 90t까지 이르기도 합니다. 이 조각상을 왜 만들었는지, 어떻게 만들어졌는지에 대해서는 여러 가지 설이 있습니다. 전 지역에 550개의 인상이 있다고 알려져 있습니다.

멕시코

팔라시오 데 발라스 아르테스

멕시코의 수도 멕시코시티에 있는 예술 전시관입니다. 이곳의 갤러리에는 리베라, 타마요 등 멕시코가 낳은 세계적인 화가들의 벽화가 있어요.

푸에블라 역사 지구

'천사의 도시'라는 별명을 가진 푸에블라는 1531년 에스파냐 정복자들이 멕시코에 세운 최초의 도시입니다. 식민지 시대의 무역과 종교 중심지로 다양한 건축물들이 남아 있습니다.

차팔라호

아나우악고원 해발 약 2,000m에 위치한 멕시코에서 가장 큰 호수로, 동서로는 77km, 남북으로는 16km 정도예요.

앵무새 동굴

약 3,000마리 정도의 앵무새들이 서식하는 폭 160m, 깊이 140m의 거대한 싱크홀이에요.

칸쿤 수중 조각 공원

2009년에 만들어진 세계 최초의 수중 조각 공원으로, 멕시코계 영국 조각가 제이슨 테일러가 제작했다고 해요.

마야 문명

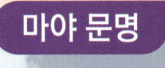

중앙아메리카의 과테말라 고지에서 유카탄반도에 걸쳐 번성한 마야족의 고대 문명입니다. 옥수수 경작을 기반으로 하고 신권 정치를 행하였으며 매우 큰 돌로 건축물을 만들었고 천문, 역법, 상형 문자가 발달하였습니다. 톨텍족과 에스파냐의 침입으로 철저히 파괴됐습니다.

아스테카 문명

4세기부터 에스파냐 침입 직전까지 멕시코 중앙 고원에 발달한 인디오의 문명입니다.

죽은 자들의 날

멕시코의 기념일로, 10월 31일에서 11월 2일까지 3일 동안 치러집니다. 죽은 친지나 친구를 기리는 날이에요.

하니치오섬

디즈니 영화 〈코코〉의 배경지로 유명해요. 죽은 자들의 날을 성대하게 치르기로 유명해요. 이곳 사람들은 제단을 차려 놓으면 죽은 이가 가족을 만나러 온다고 믿었어요.

사카테카스 역사 지구

1546년 대규모 은광이 발견되면서 16~17세기 사이 전성기를 맞은 사카테카스는 종교와 문화의 중심지였어요. 1993년 유네스코 세계 문화유산으로 지정되었습니다.

소치칼코 고고 기념물 지대

멕시코의 모렐로스주에 있는 고고 유적입니다. 마야, 톨텍, 아스테카 문명국가들이 붕괴한 뒤 정치, 종교, 상업의 중심지로 이용된 요새 도시이지요.

쿠바

코히마르

헤밍웨이가 쓴 소설 《노인과 바다》의 배경이 된 쿠바의 어촌 마을입니다. 쿠바의 수도 아바나의 동쪽에 위치해 있습니다. 해변 한쪽에는 헤밍웨이의 동상이 서 있고 그가 즐겨 찾았다는 술집도 남아 있습니다. 헤밍웨이를 기리는 청새치 낚시 대회도 이곳에서 열린다고 합니다.

산타클라라

쿠바 중부에 있는 도시로 쿠바 혁명의 주요 인물인 체 게바라의 묘역이 있습니다. 아르헨티나 사람이지만 쿠바 혁명을 이끈 체 게바라가 정부군과 격전을 치른 곳이기도 합니다.

북 아메리카

아메리카 대륙의 북반부는 대륙과 많은 섬으로 구성되어 있습니다. 주요한 섬은 북부에 위치한 그린란드를 비롯하여 뉴펀들랜드, 북극해 제도, 밴쿠버섬 등이 있고, 대륙은 미국과 영국 연방 구성국인 캐나다가 있습니다.

북극해

석유 굴착 장치   멜빌섬
스테판손
뱅크스섬
빅토리아섬

- 북아메리카에서 볼 수 있는 맹금류예요. 미국의 국조이자 상징이기도 하지요.

- 북아메리카 대륙에서 가장 높은 산이에요. 미국 알래스카주 알래스카 산맥에 위치해 있어요.

데날리산

미국

흰머리수리

- 메이플 시럽은 단풍나무의 수액으로 만들어요.

알래스카
알래스카주   산맥

메이플 시럽

캐나다

태평양

토템 폴

밴프 국립 공(원)

밴쿠버섬
· 밴쿠버
· 시애틀

하와이

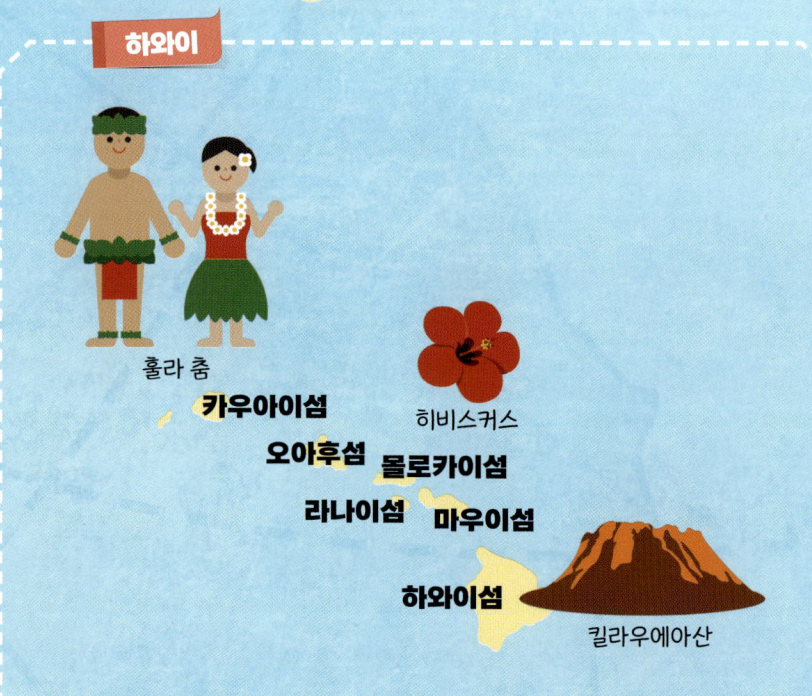

훌라 춤
카우아이섬
오아후섬   히비스커스
          몰로카이섬
라나이섬   마우이섬
          하와이섬   킬라우에아산

자이언트 세쿼이아

HOLLYWOOD
할리우드

캘리포니아주

그랜드 캐니언
· 라스베이거스
· 로스앤젤레스   애리조나
                · 피닉스

사와로 선인장

36

캐나다

밴프 국립 공원

1885년 캐나다 최초의 자연공원으로 개설되었어요. 목초지, 온천, 야생 동물 등 관광 자원이 풍부하고 편의 시설이 잘 갖추어져 있지요.

엘크 아일랜드 국립 공원

앨버타주 중부에 있는 공원으로, 1906년 국립 공원으로 지정되었어요. 자연 생태계의 모습을 그대로 보존하며 멸종 위기의 동물들을 보호하고 있어요.

토템 폴

북아메리카 인디언들이 토템상을 세우기 위해 기둥을 올렸는데, 이를 토템 폴이라고 불러요. 색칠로 장식한 것, 색칠되지 않은 것 두 종류가 있어요.

아이스하키

캐나다는 강과 호수가 많고 겨울이 길답니다. 이런 특징을 바탕으로 일찍부터 아이스하키가 발달하였습니다.

캘거리 타워

1967년에 캐나다 건국 100주년 기념으로 캘거리에 세워진 탑이에요.

세인트 존스의 시그널 힐

캐나다에서 두 번째로 큰 국립 역사 공원으로, 세인트 존스 항구로 들어오는 배를 위해 신호를 보냈던 곳이에요.

루넌버그

1995년에 세계 문화 유산으로 지정된, 캐나다에서 가장 아름다운 마을 중 하나로 꼽히는 곳이에요. 루넌버그에는 대서양 어업 박물관이 있지요.

미국

나이아가라 폭포

캐나다와 미국 국경 사이에 있는 폭포입니다. 고트섬에서 둘로 갈라지는데, 하나는 캐나다 폭포로 너비 790m, 높이 53m가량이고, 다른 하나는 미국 폭포로 너비 320m, 높이 25m가량입니다.

재즈

미국의 흑인 음악에 클래식, 행진곡 등의 요소가 섞여서 발달한 음악으로 즉흥성이 강합니다. 미국 남부의 흑인이 많은 지역에서 발달하였습니다.

하와이섬

하와이섬은 마그마가 솟아오르는 열점 위에 생긴 화산섬입니다. 맨틀 깊숙이 있는, 고정된 열점 위의 지각판이 이동하면서 하와이 제도와 같이 줄지어 있는 여러 개의 화산섬이 만들어졌습니다.

훌라 춤

하와이의 훌라 춤은 풍요를 기원하고 신을 찬양하는 종교적인 춤이었습니다. 무용수들은 고래 이빨이나 뼈로 만든 팔찌와 발찌를 차고 꽃으로 엮은 목걸이와 머리띠로 장식하지요.

노아의 방주 박물관

미국 윌리엄스타운에 위치한 노아의 방주 박물관은, 성경에 기록된 노아가 신의 계시로 만든 배의 모양을 재현했어요.

제1차 세계 대전 박물관

미국 캔자스시티에 위치한 미국의 공식 비영리 박물관이에요. 약 1,000명 정도의 전투 사망자를 애도하는 공간이에요.

북유럽

북유럽은 흔히들 스칸디나비아반도의 모든 주변 5개국, 아이슬란드·노르웨이·스웨덴·덴마크·핀란드를 의미하고 냉전 이후에는 발트 3국(에스토니아·라트비아·리투아니아)이 추가되었어요. 사회·정치 지표의 상위권을 차지하며 높은 복지 수준으로도 유명한 지역이에요.

7세기에서 11세기 무렵 스칸디나비아와 덴마크 등에 살면서 해로를 통해 유럽 곳곳으로 진출한 노르만족을 일컫습니다. 각지를 약탈해서 해적질을 못하게 되었지요.

바이킹

1989년 건축된 호텔로, 전 세계의 예술가와 건축가가 모여 지은 곳이에요.

얼음 호텔

로바니에미

오로라

산타클로스 마을

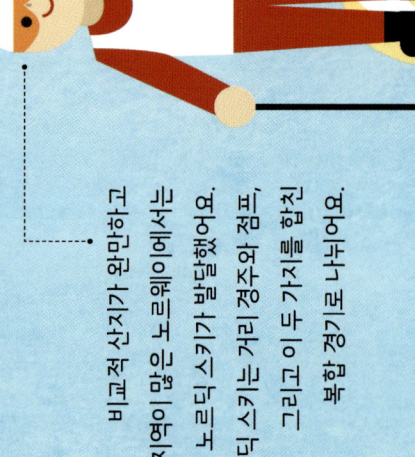

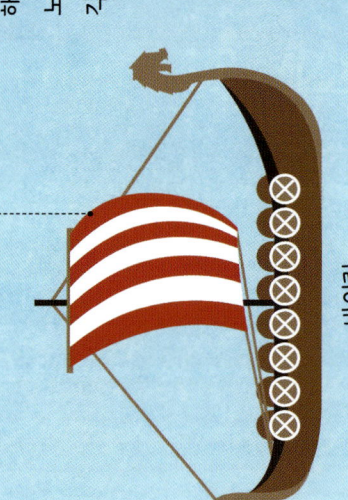

노르웨이해

비교적 산악지가 완만하고 평탄한 지역이 많은 노르웨이에서는 노르딕 스키가 발달했어요. 노르딕 스키는 거리 경주와 점프, 그리고 이 두 가지를 합친 복합 경기로 나뉘어요.

노르딕 스키

아이슬란드는 대서양 중앙 해령 위에 위치하고 있기 때문에 화산 활동이 활발합니다. 2010년 4월 발생한 화산 폭발로 화산재가 유럽 전역으로 확산되어 항공기 운항이 전면 금지되는 교통대란이 일어났습니다.

아이슬란드

한 번에 한 개의 알을 낳아요. 몸의 길이는 26~29cm 정도로, 수컷이 암컷보다 조금 더 몸집이 큽니다.

대서양퍼핀

아이슬란드

레이캬비크

《 덴마크 》

코펜하겐 인어공주상

1913년 조각가 에드바르 에릭센이 제작한 동상으로 길이가 80cm에 불과하지만 많은 관광객을 끌어들이는 코펜하겐의 상징이 되었어요.

로스킬레 대성당

덴마크 셀란섬에 위치한 로스킬레 대성당은 1170년에 착공되었고, 몇백 년을 거치며 당대의 건축 양식을 추가한 건물이에요. 유럽의 건축 역사를 볼 수 있는 유적이에요.

《 노르웨이 》

우르네스 목조 교회

노르웨이 송노표르다네주 우르네스 마을에 위치한 교회입니다. 1979년 유네스코 세계 문화유산으로 지정된 교회로, 북유럽에서 가장 오래된 목조 건축물이에요. 스칸디나비아 지방의 뛰어난 목조 건축술을 보여 주는 건물입니다.

피오르 해안

노르웨이에서 가장 인기 있는 관광지는 송네 피오르입니다. 피오르는 빙하의 침식으로 만들어진 지형으로 깊고 좁은 만을 이루고 있는 것이 특징입니다. 빙하의 침식 작용으로 U자 모양의 골짜기가 형성되었다가, 빙하가 녹아 U자 모양의 골짜기에 하천과 폭포가 발달했습니다. 지구의 기후가 한랭에서 온난으로 변한 후빙기에 해수면 상승으로 골짜기에 바닷물이 들어와 피오르 해안이 형성되었습니다.

《 아이슬란드 》

아이슬란드 화산

활화산이 많은 아이슬란드에서는 지열 발전이 주요 에너지 생산 원천입니다. 지열은 아이슬란드 총 에너지의 66% 정도를 차지하며, 전체 난방 에너지의 88% 정도와 전력 생산의 30% 정도를 담당합니다.

할그림스키르캬 교회

레이캬비크에 있는 교회로, 1945년에 착공하여 1986년 완공되었어요. 아이슬란드에서 가장 높이 솟아 있는 상징물로 높이가 약 74m 정도라고 하지요.

〈 스웨덴 〉

생태 도시 예테보리

사람과 자연환경이 조화를 이루며 살아갈 수 있는 체계를 갖춘 생태 도시입니다. 다양한 생물이 서식하는 환경을 만들고 자원을 최대한 절약하며 무공해 에너지를 사용하여 지속 가능한 발전을 추구하는 도시입니다. 예테보리는 환경을 배려하는 녹색 소비자 운동이 활발하며 재활용 에너지와 풍력, 태양광, 천연가스를 사용하는 독자적인 자연 에너지 정책으로 주목받고 있습니다.

스웨덴 하지 축제

해가 길어지는 여름을 기념하는 스웨덴의 축제입니다. 매년 6월 중순에 열리는데 사람들이 모여 쇠뿔로 만든 피리를 불면서 축제를 시작합니다. 축제 기간에 사람들은 민속 의상을 입고 머리에 화환을 쓰며 '마이스통'이라고 부르는 긴 나무 기둥을 세워 장식합니다. 그리고 기둥 주위에 원을 그리며 춤추고 노래합니다.

〈 리투아니아 〉

십자가 언덕

리투아니아 북부 샤울랴이 근처에 위치한 로마 가톨릭교회 순례지예요. 크고 작은 십자가와 여러 조각상, 초상화 등이 놓여 있어요.

〈 라트비아 〉

성 베드로 대성당

약 123m 정도 되는 첨탑의 전망대로 유명하며, 현지에서는 성 피터 교회로 불리기도 해요. 바로크 양식, 고딕 양식, 로마네스크 양식이 혼합된 건축물이에요.

〈 핀란드 〉

산타클로스 마을

핀란드 로바니에미에 있어요. 전 세계 어린이들이 보내온 편지가 각 나라별로 분류되어 산타클로스가 이 편지에 일일이 답장을 해요.

〈 에스토니아 〉

탈린 역사 지구

13세기에 독일 기사단의 십자군 원정대가 성을 세우며 형성된 탈린은, 13~14세기 이래로 거의 손상되지 않고 그 상태를 잘 유지하고 있는 도시예요.

남유럽

주로 유럽 대륙에서 지중해에 돌출한 이베리아·이탈리아·발칸 등 세 반도 안의 나라들로 구성되어 있습니다. 날씨가 맑고 햇볕이 따가운 지중해식 기후의 영향을 받지요.

알프스산맥
밀라노
밀라노 대성당
피사의 사탑
피사
피렌체
곤돌라
베네치아
슬로베니아
크로아티아
자그레브

산타마리아 델 피오레 대성당 (피렌체 대성당)
스위스 위병
바티칸 시국
로마
콜로세움
이탈리아
아드리아해
스타리 모스트
두브로브니크 옛 시가지

코르시카섬
사르데냐섬
누라게(돌탑 유적)
티레니아해

늦봄에는 흰 꽃이 피고 열매로는 기름을 짜요.
올리브
폼페이 유적
이오니아

몰타 기사단
몰타
에트나 화산
시칠리아섬
지중해

보스니아 르체고비나
· 사라예보
모스타르

세르비아
· 베오그라드

몬테네그로

비소키데카니 수도원

코소보

알바니아
· 티라나

지로카스터르

마케도니아
· 스코페 스코페요새

불가리아

발 칸 산 맥

릴라 수도원

장미 축제

흑해

그리스어로 '공중에 떠 있다'라는 뜻의 메테오라는 이 일대에 세워진 수도원들을 지칭하는 이름이에요.

메테오라
올림포스산

에게해

그리스

올림피아 유적
· 아테네 파르테논 신전

터키

지중해 크루즈

〔 이탈리아 〕

폼페이 유적

기원후 79년 8월 24일 베수비오 화산의 폭발로 이탈리아 나폴리만 연안에 있던 폼페이는 한순간에 멸망했어요. 그 유적은 19세기에 이르러 발굴되었고, 고대 로마의 생활상을 생생하게 재현하고 있지요.

피사의 사탑

피사 대성당에 있는 8층의 원통형 탑인데, 1173년 착공되어 1372년까지 세 차례에 걸쳐 공사가 진행되었어요. 1173년에서 1178년 사이에 진행된 1차 공사 이후 지반 토질의 불균형으로 인한 기울어짐이 발견되었죠. 이 기울어짐 현상 때문에 더욱 유명한 관광지가 되었습니다.

콜로세움

정식 명칭은 '플라비우스 원형 경기장'이라고 해요. 로마에 있으며, 검투사 간의 시합과 맹수와의 결투 등이 시행되었어요.

〔 바티칸 시국 〕

산타마리아 델 피오레 대성당

아르노강의 북쪽, 피렌체시에 있습니다. 이탈리아의 고딕 양식을 대표하는 건물이기도 해요. 높이가 91m에 달하는 돔으로 유명하지요.

바티칸 시국

세계에서 가장 작은 나라인 바티칸은 이탈리아 로마 안에 위치해 있어요. 로마 가톨릭 문화의 본산으로, 가톨릭교회의 최고 성직자인 교황이 다스리는 국가예요. 미켈란젤로, 라파엘로 등의 벽화 장식과 역사적인 고문서와 공문 등을 소장하고 있어요.

〈 그리스 〉

파르테논 신전

아테네에 위치한 아크로폴리스 언덕에 있는 신전이에요. 기원전 5세기에 조각가 페이디아스가 지었다고 해요.

올림포스산

그리스에서 가장 높은 산입니다. 산기슭이 해수면에 위치해 기슭에서 꼭대기까지 절대 고도가 유럽에서 가장 높은 산에 속하죠. 그리스에서 두 번째로 큰 도시인 테살로니키에서 약 100km 떨어져 있어요.

〈 불가리아 〉

장미유와 장미 축제

스타라플라니나산맥 계곡에서 장미를 재배하고 장미유도 생산하고 있어요. 또한 해마다 5월 말에서 6월 초가 되면 장미 계곡을 끼고 있는 마을 중의 하나인 카잔늑이라는 지역에서 국제 장미 축제를 개최합니다.

〈 보스니아 헤르체고비나 〉

모스타르 옛 시가지의 다리

보스니아 헤르체고비나의 남서쪽, 헤르체고비나 지방의 모스타르에 있는 다리입니다. '스타리 모스트'라고도 하는데, 모스타르라는 도시 이름도 '오래된 다리'라는 뜻이지요. 1566년에 건설된 아치형 석조 다리예요. 2005년 유네스코 세계 문화유산에 지정됐어요.

〈 알바니아 〉

지로카스터르

지로카스터르는 남부 알바니아에 있는 해발 300m에 위치한 도시입니다. 제러산맥과 드리노강 사이에 있는 이 도시는 지로카스터르 요새가 시내를 굽어보고 있는 모양을 하고 있으며 유네스코 세계 문화유산으로도 지정되었지요.

서유럽

유럽 서부에 위치한 여러 나라를 말해요. 서유럽이라는 말은 냉전 시절 동유럽에 대비하는 의미로 쓰이기도 했어요. 일반적으로 프랑스와 브리튼 제도의 영국, 아일랜드, 베네룩스 3국을 가리키며 독일, 오스트리아, 스위스를 포함시키기도 합니다.

북해

튤립과 풍차
네덜란드
암스테르담의 운하

스코틀랜드 전통 남자 옷입니다.
킬트
에든버러성
타워 브리지
런던
영국
크리켓
록 밴드 비틀스와 축구로 유명한 항구 도시입니다.
리버풀

바다코끼리
아이슬란드
레이캬비크
블루라군 온천
세계 최대의 온천 시설이에요.

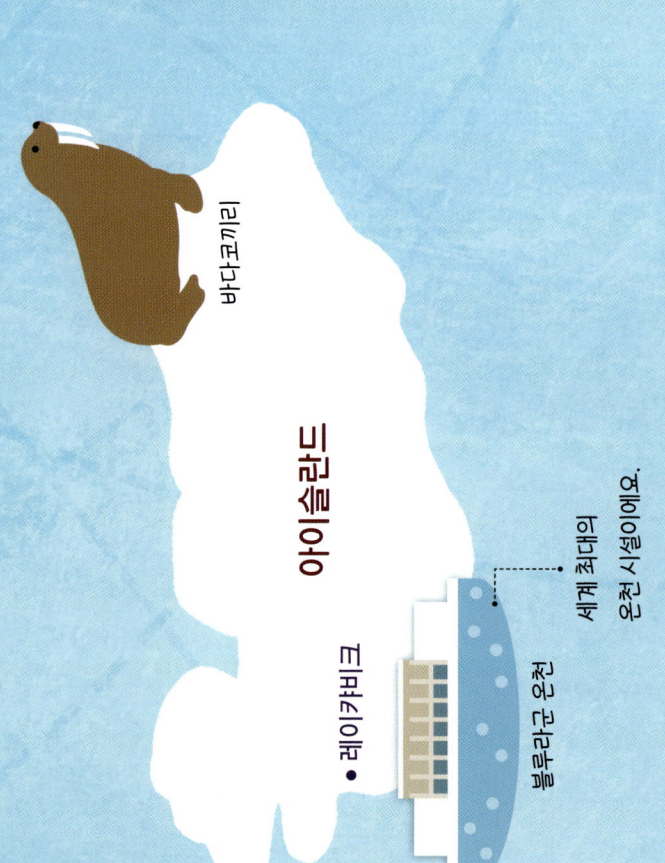
아일랜드
성 패트릭 데이

〈영국〉

애니크성

본래 퍼시 가문의 요새였어요. 1670년에 퍼시 가문의 맥이 끊긴 뒤로 1850년대까지 외관과 내부가 호화롭게 개조되었지요. 영화 〈해리 포터〉 시리즈 초기작을 촬영할 때 호그와트 마법 학교로 등장하기도 했어요.

스톤헨지

영국 윌트셔주 솔즈베리 평원에 있는 고대의 거석 기념물이에요. 흙으로 쌓아서 만든 제방 안에 거대한 돌기둥을 세워 놓은 것으로, 스톤헨지는 고대 앵글로·색슨어로 '매달려 있는 바윗돌'이라는 의미를 갖고 있어요.

〈아일랜드〉

성 패트릭 데이

아일랜드의 수호성인인 성 패트릭이 세상을 떠난 날(3월 17일)에 열리는 축제입니다. 사람들은 녹색 옷과 녹색 장신구로 치장하고 거리에 나서는데, 이렇게 꾸미는 이유는 녹색이 성 패트릭을 상징하는 색깔이기 때문이에요.

〈네덜란드〉

암스테르담라인 운하

길이가 약 80km인 암스테르담라인 운하는 네덜란드의 암스테르담과 라인강의 하류인 레크강과 발강을 연결하는, 네덜란드에서 가장 큰 운하입니다. 4,000t급 선박이 항해할 수 있어요.

쾨켄호프 튤립 축제

네덜란드 리세의 쾨켄호프 공원에서 열리는 세계 최대 꽃 축제로, 3월부터 5월까지 수많은 튤립이 피어납니다. 네덜란드어로 '부엌 정원'이라는 뜻을 지니는 이 축제는 전 세계에 봄을 알리는 축제라고 해서 '유럽의 봄'으로 불리기도 한답니다.

〈 아이슬란드 〉

블루라군 온천

아이슬란드 남서부 레이캬네스반도에 있는 온천이에요. 블루라군은 근처 지열 발전소에서 나오는 물로 채워져요. 온천수에는 실리카와 유황 같은 광물질이 풍부하답니다.

〈 벨기에 〉

그랑플라스 오줌싸개 동상

벨기에의 수도 브뤼셀의 중심지인 그랑플라스에 있어요. 이 동상에 철마다 옷을 갈아입히기도 하는데 그건 예전에 루이 15세가 이 동상의 약탈을 사과하는 의미로 프랑스 후작의 옷을 입혀 돌려보낸 것에서 유래했다고 합니다.

〈 프랑스 〉

리옹의 론강

리옹은 론강과 손강의 합류점에 있는 도시예요. 알프스에서 녹아내린 눈의 영향으로 프랑스의 하천 중에서 물이 흐르는 양이 가장 많다고도 하지요.

가르교

가르강 계곡을 가로질러 설치된 다리로, 석회암으로 만들어졌어요. 아치가 3단으로 겹쳐진 구조가 특징으로, 1985년 세계 문화유산으로 지정되었습니다.

〈 룩셈부르크 〉

룩셈부르크 중세 요새 도시

룩셈부르크의 수도 룩셈부르크에 있는 도시 역사 지구입니다. 이 땅을 정치적으로 이용하려는 목적으로 에스파냐, 프랑스, 오스트리아, 프로이센이 중세 말기까지 룩셈부르크에서 크고 작은 분쟁을 벌였습니다. 이 과정에서 20차례 이상 파괴와 재건축이 되풀이되었지만 그 결과 요새 도시가 건설되었지요.

동유럽

동유럽은 유럽 동부의 나라들을 뜻하는 말이지만 나라와 시대에 따라 의미가 달라서, 여기에 포함되는 국가들의 범위가 정확하게 정해지지 않았어요. 보통 독일, 폴란드, 체코, 오스트리아, 헝가리 등 유럽 동부에 있는 사회주의 국가들을 자본주의 국가와 비교할 때나 서유럽과의 관계에 따라 나누어 부를 때 쓰이고는 해요.

발트해

보석 호박

북해

덴마크

영국

크베들린부르크 옛 시가지

• 베를린
브란덴부르크

그리피노 숲

폴란드

독일식 소시지를 부르스트라고 해요. 지역마다 재료나 만드는 방법이 달라서 종류도 많고 다양해요.

소시지

독일은 식수가 부족해서 독일 국민들에게 맥주는 술이라기보다 일상적인 음료에 가까워요.

맥주

체코
◉프라하

독일
네카르슈타이나흐

샤데크성(제비 둥지성)

텔치 역사 지구

슬로바키아
◉브라티슬라바

서유럽

◉빈
오스트리아

•뮌헨
노이슈반슈타인성

디즈니랜드 성의 모델이에요.

리히텐슈타인

파두츠성

빈 국립 오페라 하우스

◉부다페스

헝가

헝가리 회색 소

52

《 러시아 》

에르미타슈 미술관

원래는 러시아의 마지막 여섯 황제가 살았던 장소로, 일명 '겨울 궁전'이라고 불리기도 했지요. 볼셰비키 정권이 겨울 궁전을 습격한 것이 10월 혁명의 발단이 되었기에 역사적인 장소이기도 합니다. 1863년 대중에게 공개하면서 지금은 러시아 최대의 국립 미술관이 되었지요.

러시아의 민속 춤

칼린카라고도 해요. 앉았다 일어나기를 반복하면서 발을 번갈아 뻗어 뛰는 동작이 많아요. 이 동작은 러시아인들이 추위를 이겨 내기 위해 몸을 빠르게 움직인 데서 비롯된 것입니다.

성 바실리 대성당

러시아 모스크바에 있는 성당입니다. 붉은 광장의 남쪽에 위치한 성 바실리 대성당은 '돌로 된 꽃'이라는 찬사를 받는, 러시아의 랜드마크이자 세계적인 명소예요. 형형색색의 양파 모양 돔이 특징입니다.

《 독일 》

노이슈반슈타인성

바이에른 왕국의 국왕인 루트비히 2세가 지은 성으로, 로마네스크 양식에 따라 건축되었어요. 성의 뜻을 풀이하면 '신 백조 석성'을 의미한답니다. 디즈니랜드 성의 모델이기도 해요.

《 독일 》

옥토버페스트

독일 뮌헨에서 매년 9월 말에서 10월 초에 걸쳐 행해지는 맥주 축제예요. 1810년 10월 바이에른 공국의 초대 왕인 루트비히 1세의 결혼을 맞아 닷새간 음악제를 곁들인 축제를 열던 행사로부터 시작되었답니다.

상수시궁

프리드리히 2세가 프랑스의 베르사유 궁전을 모방하여 지은 로코코 양식의 궁전이에요. '상수시'는 프랑스어로 '걱정 근심 없는'이라는 뜻이에요.

《 폴란드 》

그리피노 숲

특이하게 구부러진 소나무로 유명한 숲이에요. 소나무가 지반 바로 위에서 북쪽으로 급격히 구부러진 다음, 1~3m 정도 옆으로 뻗어 나간 뒤 다시 위로서면서 자라고 있지요. 이곳의 나무들은 1930년경 심긴 것으로 추정돼요.

《 체코 》

텔치 역사 지구

12세기에 늪지 가운데에 세워진 도시였어요. 그러나 1530년 큰 화재가 나서 도시 건물 대부분이 불에 탔지요. 현재는 16~17세기의 건축물들이 중앙 광장을 중심으로 하여 완전한 형태로 보존되어 있어요.

《 리히텐슈타인 》

파두츠

파두츠는 리히텐슈타인의 수도로, 소를 방목하고 곡물이나 포도를 재배하는 농업 중심지이기도 해요. 그리고 시 중앙에 있는 우체국에는 세계적으로 명성을 얻고 있는 아름다운 우표를 사려고 많은 관광객이 모이기도 한답니다.

서남아시아

명확한 지역명은 아니며, 대체로 인도와 중앙아시아를 제외한 아시아의 남서부를 가리킵니다. 지중해 연안의 좁은 지대를 제외하면 대부분이 사막 지대이고, 유목이 주된 생활 양식입니다.

- 흑해
- 술탄 아흐메드 모스크
- 치낙칼레
- 트로이 고고 유적
- 수피 댄스 (중동 전통 무용)
- 카파도키아 동굴 수도원
- 조지아
- 아르메니아
- 아제르바이잔
- 바쿠의 쉬르반샤 궁전
- ●바쿠
- 카스피해
- 터키
- 비하이브(시리아 전통 가옥)
- 석유 굴착 장치
- 이란 유목민
- 테헤란
- 자그로스
- 지중해
- 사해
- 레바논
- 시리아
- 이스라엘
- 사해
- 요르단
- 예루살렘 옛 시가지
- 지구라트(메소포타미아 유적)
- 이라크
- 쿠웨이트타워
- 쿠웨이트
- 페르시아
- 알 히즈르 고고 유적 (마다인 살리)
- 검은 망토 모양의 옷이에요.
- ●리야드
- 아바야
- 바레인
- 카타르
- 낙타
- 메카●
- 카바 신전
- 사우디아라비아
- 아프리카
- 홍해
- 사나●
- 사나 옛 시가지
- 예멘
- 잔비야(전통 단검)

56

아랍에미리트

낙타 경주

낙타 경주는 아라비아반도의 사막 문화를 반영하는 뿌리 깊은 전통 스포츠입니다. 지난 수십 년 동안 아랍에미리트의 낙타 경주는 급속히 성장했는데, 전통문화의 복원과 국민의 화합을 이루어 내기 위한 의도라고 합니다.

아부다비의 마스다르 시티

아부다비의 마스다르 시티는 2008년 착공된 탄소 제로 도시입니다. 탄소 배출과 쓰레기, 화석 연료, 자동차가 없으며 아랍 전통 도시 양식을 도입하여 에너지 효율을 최대한 높였습니다. 또한 태양광과 태양열 등 친환경 에너지만을 사용하는 도시예요.

터키

카파도키아 동굴 수도원

터키의 아나톨리아고원 남동부에 있는 수도원입니다. 응회암이 침식되어 형성된 수천 개의 기암에 굴을 뚫어 만든 수도원과 성당으로, 여러 세기에 걸쳐 제작된 유적들은 그리스도교 미술사의 중요한 자료가 되고 있습니다.

수피 댄스

터키의 콘야 지방에서 비롯된 것으로 전해지며 터키에서는 '세마'라고 부릅니다. 남성 무용수들이 악사와 함께 춤을 추는데, 원래는 이슬람 종교 의식 중 하나였다고 해요. 전통적으로 신과 교감을 하는 행위로 받아들여졌다고 합니다.

트로이 고고 유적

터키 차낙칼레주에 있는 유적지로, 호메로스의 영웅 서사시 《일리아스》의 배경이 된 곳으로 유명합니다. 1998년 유네스코 세계 문화유산으로 지정되었어요.

〈 이스라엘 〉

사해

이스라엘과 요르단에 걸쳐 있는 염호입니다. 사해는 세계에서 지표면이 가장 낮은 곳이에요. 소금기가 진해서 물속에 들어가면 몸이 둥둥 떠요.

〈 이란 〉

이맘 호메이니 모스크

이맘 호메이니 모스크는 이맘 광장에 위치해 있습니다. 외벽을 파란색 타일로 마감하여 이란에서도 눈에 띄는 건축물 중의 하나로 꼽힙니다. 해가 비추는 방향에 따라 건물 색이 다르게 보인다고 해요.

〈 카자흐스탄 〉

바이코누르 기지

카자흐스탄 바이코누르에 있는 우주선 발사 기지입니다. 1957년 인류 최초의 우주선 스푸트니크, 1961년 인류 최초의 우주 비행에 성공한 보스토크 1호, 2008년 한국의 첫 우주인 이소연을 태운 소유스호가 발사된 곳이기도 해요.

〈 사우디아라비아 〉

알 히즈르 고고 유적

홍해를 사이에 두고 이집트와 마주 보고 있는 아라비아반도 북서 지방에 있는 고대 유적지입니다. 알 히즈르는 '암석 지대'라는 뜻으로, 이런 이름은 바위와 돌로 둘러싸인 유적의 지형에서 비롯된 것입니다.

〈 시리아 〉

팔미라 유적

시리아의 고대 도시 유적이에요. 시리아 사막 중앙에 위치하여 오아시스가 형성된 이 지역은 사막을 건너는 상인들의 행렬이 끊이지 않아, 무역 중계지 역할을 했어요. 여러 문명이 교차하는 고대 문화의 중심지 중 한 곳이었는데 11세기 무렵부터 역사에서 사라졌죠. 하지만 18세기 이후 조사를 통해 모습을 드러내, 1980년에 유네스코 세계 문화유산으로 등재됐답니다.

남아시아

남아시아는 지리적으로 북쪽은 히말라야산맥과 힌두쿠시산맥, 서쪽은 술라이만산맥을 한계로 인도반도를 중심으로 한 지역이지만, 명확하게 구분되어 있지는 않습니다. 이 지역에 전 세계 인구의 5분의 1이 살고 있어요.

K2(카라코람산맥 중앙부)

암리차르

하르만디르 사히 (황금 사원)

국기 하강식

파키스탄

물소

뉴델리

찬드니 초크

●아그라

인도 사람들은 하루를 차이로 시작해서 차이로 마감할 정도로 차이를 즐겨 마신다고 해요.

차이

타지마할

인도에서는 방언을 포함하여 700여 가지의 언어가 사용되고 있는데 그중 20여 개의 언어가 공용어로 지정되었어요.

인도

아라비아해

인도코끼리

인도 전통 의상

보두베르(몰디브의 민속 악기)

몰디브
산호

60

산스크리트어로 '눈이 사는 곳'이라는 뜻을 가졌어요.
히말라야산맥에는 에베레스트산을 비롯해 8,000m가 넘는
높은 봉우리가 모여 있어서 '세계의 지붕'이라고도 불려요.

동아시아

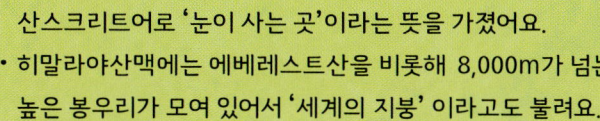

유목민(야크를 기르는 셰르파)

네팔

파로 • 파로 탁상

부탄

갠지스강에서 목욕하는 힌두인

힌두교는 인도의 종교를
뜻합니다. 갠지스강에서
몸을 씻는 것을 매우
신성시합니다.

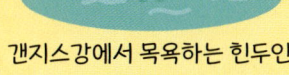
카레

방글라데시

바간 불탑
• 바간
미얀마

방글라데시의 열대 저기압에
따른 홍수 피해가 잦아요.

요가

태양곰(말레이곰)
• 양곤

벵골만

인도호랑이(벵골호랑이)

차 밭

스리랑카

61

히말라야산맥

지표는 여러 개의 지각판으로 이루어져 있는데, 판이 움직이다가 서로 부딪쳐 지표를 들어 올리면 높고 험준한 산맥이 형성됩니다. 에베레스트산이 위치한 히말라야산맥은 인도판과 유라시아판이 충돌하면서 형성된 습곡 산지입니다.

(부탄)

파로 탁상

파로는 팀부가 수도로 지정될 때까지 부탄의 정치, 문화, 상업의 중심지였어요. 그곳에 있는 사원인 파로 탁상은 부탄의 대표적인 관광지이자 랜드마크랍니다.

(몰디브)

몰디브

아시아 남부 인도양 중북부에 있는 몰디브는 1,000개가 넘는 작은 산호섬과 26개의 환초(고리 모양으로 배열된 산호초)로 이루어져 있어요. 그중 약 200개 섬에서만 사람이 살지요.

(파키스탄)

국기 하강식

인도와 파키스탄은 1947년 영국이 인도 대륙에서 철수한 후 분리되었어요. 그 이후 종교적인 이유, 카슈미르 지역의 영토 분쟁으로 두 나라 사이는 악화되었지요. 그래서 인도와 파키스탄 국경에서는 매일 저녁에 국기 하강식이 열려요. 철문을 사이에 두고 파키스탄과 인도는 동시에 의식을 치르는데 삼엄한 분위기보다는 축제 분위기에 가깝다고 해요.

〔 미얀마 〕

쉐다곤 파고다

1453년에 지어진, 미얀마의 상징물이자 세계 불교 신자들의 순례지예요. 원래는 금판이 붙지 않았으나 역대 미얀마 왕과 불교도들이 기증한 금판으로 외벽을 장식하면서 화려해졌어요. 불탑 안에는 대리석과 화강암으로 통행로를 만들었는데 이 길은 맨발로만 다닐 수 있다고 해요.

〔 인도 〕

K2

인도 카라코람산맥의 중앙부에 있는 높이 8,611m의 산입니다. 에베레스트산에 이은 세계 제2의 고봉으로, 장엄하고 아름다워요. 편마암이라고 불리는 변성암으로 이루어져 있어요.

〔 네팔 〕

스와얌부나트 사원

네팔에서 가장 오래된 사원입니다. 카트만두 서쪽에 자리 잡고 있는데, 네팔 불교인 라마교의 성지입니다. 카트만두는 호수였는데, 문수보살이 호수의 물을 모두 말려 없애자 가장 먼저 이 사원이 떠올랐다고 하는 전설이 전해져요.

타지마할

인도 아그라의 남쪽 자무나강가에 위치해 있습니다. 궁전 형식의 묘지로 무굴 제국의 황제가 왕비 뭄타즈 마할을 추모하기 위해 지은 것이라고 해요. 인도 이슬람 예술의 걸작으로 꼽힙니다. 태양의 각도에 따라 하루에도 몇 번씩 빛깔을 달리한다고 합니다.

동아시아

동쪽은 태평양, 남쪽은 남중국해에 면하고 서쪽은 아무르강 남안의 다싱안링으로부터 중국 본토의 서경을 통과하여 베트남 국경 근처에 이르는 선으로 경계를 이룹니다.

몽골 전통 의상

게르

둔황 모가오 굴

중국 간쑤성 둔황현에 있는 불교 유적이에요. 둔황은 실크로드로 가는 관문으로 당 시대까지 서역과의 교역을 통해 번영을 누렸던 오아시스 도시였어요.

중국

남아시아

포탈라궁

포탈라궁은 티베트 자치구에 있는 달라이 라마의 궁전이에요.

중국

만리장성

중국의 역대 왕조들이 북방 유목 민족의 침략을 막기 위해 세운 성벽이었어요. 진의 시황제가 처음 건립했다고 전해지지만, 지금 남아 있는 성벽은 15세기 이후 명 때 쌓은 것이라고 합니다. 중국의 상징처럼 여겨지는 문화유산으로 '인류 최대의 토목 공사'라고 불리기도 해요. 현재 대략 3,000km 정도가 보존되어 있습니다.

진시황릉 병마용갱

1974년 시골 마을에서 우물을 파기 위해 땅을 파던 농부에 의해 발견되었다고 해요. 이 병마용들은 진시황 친위 군단의 강력한 위용을 과시하는 데 그치지 않고 진의 군사 편제, 갑옷, 무기 등의 구체적인 연구 자료로 활용되고 있으며, 하나하나가 모두 훌륭한 예술품으로 평가되고 있어요. 매장된 전체 토용은 약 6,000개로 추정됩니다.

둔황 모가오 굴

둔황은 당 시대에 번영을 누렸던 도시로, 세계 최대 석굴 사원 모가오 굴이 당시의 번영을 보여 주는 유적이지요. 석굴의 벽면은 모두 채색 벽화로 덮여 있는데, 벽화를 한 줄로 이어 전시한다면 그 길이가 대략 54km에 이를 만큼 어마어마하다고 해요. 불교가 둔황에서 꽃피운 결과물로, 종교 예술의 극치를 보여 주지요.

〔몽골〕

몽골의 초원은 사막 기후 다음으로 건조한 기후인 스텝 기후 지역으로 나무가 잘 자라지 못해 넓은 초원이 형성됩니다. 그래서 스텝 지역에서는 전통적으로 초원을 찾아 이동하며 소나 양 등을 기르는 유목이 발달해요. 몽골의 유목민은 이동 생활에 편리한 이동식 천막집 게르에서 살지요.

게르

나담 축제

나담은 고대 몽골어로 '놀이', '축제'를 뜻해요. 몽골 전통 게임인 몽골 씨름, 양궁, 경마 경기가 축제의 중심이 됩니다. 나담 축제는 1921년부터 매해 7월 11일~13일에 울란바토르에서 열립니다.

고비 사막

몽골고원 내부에 펼쳐진 거대한 사막이며 동서 길이가 약 1,600km에 이릅니다. 고비란 몽골어로 '풀이 잘 자라지 않는 거친 땅'이란 뜻입니다. 고비라는 말의 뜻처럼 고비 사막 대부분의 지역은 암석 사막으로 이루어져 있어요.

〔대만〕

지우펀

오래전 아홉 농가만이 살았던 아주 작은 산골 마을이었어요. 두메산골이다 보니 멀리서 장을 봐 와야 했는데, 필요한 물품을 사 온 뒤 공평하게 나누었다고 하여 9등분한다는 뜻의 '지우펀'으로 부르게 되었다고 해요. 일본 애니메이션 〈센과 치히로의 행방불명〉의 배경이 되기도 했어요.